世博会视觉形象设计

Visual Identity Design for World Expo

王静敏 著

中国农业出版社
北 京

内容摘要

本专著以世博会视觉形象设计为研究对象，全面系统地梳理了世博会视觉设计的发展与演变的历史，并对世博会基础形象设计、视觉展示过程以及视觉设计语言的实际运用进行分析。通过对历届世博会视觉设计在内涵、取材、手法等方面的比较与研究，归纳整理出世博会视觉形象的设计法则。依据世博会不同主题演绎与视觉形象设计、民族地方文化的视觉演绎等，探讨世博会通过统一的符号来建立起世博会与举办国的城市形象，以及利用各种媒体作为统一性的形象推广，增强社会大众的记忆度和信赖感。本书还从世博会的标志设计、海报设计、邮票设计、徽章设计等来分析视觉设计风格流变与近现代设计发展存在着一脉相承的关系。

序言

在人类文明的长河中，世博会作为汇聚全球智慧、展现创新成果的盛会，始终以其独特的魅力引领着时代的潮流。而世博会视觉形象设计，作为这一盛会的重要组成部分，更是以其丰富的内涵、多样的形式和深刻的意义，成为连接不同国家、民族与文化的桥梁。

《世博会视觉形象设计》以设计学视角深入研究，全面系统地梳理了世博会视觉设计的发展与演变的历史。从早期的简单标识到如今的多元化、数字化设计，每一次变革都见证了人类审美观念的演进和科技水平的飞跃。书中不仅展示了历届世博会视觉形象设计的经典之作，更深入挖掘了这些设计背后的文化意义、设计理念以及技术实现，让我们在欣赏美的同时，也能感受到设计背后的智慧与力量。通过对历届世博会视觉设计在内涵、取材、手法等方面的比较与研究，归纳整理出了世博会视觉形象的设计法则。这些法则不仅是设计的规律，更是人类对于美的追求、对于文化的传承与创新的体现。它们为我们提供了宝贵的参考与启示，让我们在未来的设计实践中能够更加准确地把握设计的方向与精髓。

本书依据世博会不同主题演绎与视觉形象设计、民族地方文化的视觉演绎等，探讨了世博会通过统一的符号来建立起世博会与举办国城市形象的重要性。书中详细分析了世博会如何利用各种媒体进行统一性的形象推广，从而增强社会大众的记忆度和信赖感。这一部分的探讨对于我们理解世博会的传播机制以及城市形象的建设具有重要的指导意义。

此外，本书还从世博会的标志设计、海报设计、邮票设计、徽章设计等具体设计门类入手，分析了视觉设计风格流变与近现代设计发展之间的一脉相承的关系。这不仅让我们更加深入地了解了世博会视觉设计的魅力，也让我们看到了设计在历史长河中的传承与创新。

总而言之，《世博会视觉形象设计》是一部集学术性、艺术性、实用性于一体的佳作。它以其独特的视角、丰富的内容和深刻的见解，为我们揭开了世博会视觉形象设计的神秘面纱，也为我们提供了一个全方位、多层次剖析和探索世博会视觉形象设计演变的宝贵参考。我相信，这本书的出版将会为推动我国乃至全球设计领域的发展做出积极的贡献。同时，我也希望更多的读者能够通过阅读这本书，领略到世博会视觉形象设计的独特魅力，感受到设计所带来的力量与温度。

中国美术学院教授、
国家艺术基金评委、
浙江树人大学艺术学院院长

2024年5月

目录

第一章 | 世博会与视觉形象设计

一、世博会的历史沿革

（一）世博会的由来

世界博览会，简称世博会，是世界三大盛会之一。自1851年英国伦敦举办首届世博会以来（图1-1、图1-2），这一盛事已走过170余载春秋。它犹如一个璀璨的舞台，各国在这个舞台上展示着社会、经济、文化等领域的辉煌成就与未来愿景。它由政府主导，多国与国际组织共同参与，规模宏大，影响深远，被誉为经济、文化、科技领域的“奥运会”。

世博会从最初的商品展示与交换，到如今聚焦于新技术与新生活理念的推广，始终致力于推动世界各国的交流与合作，增进人民之间的理解和友谊。随着世博会的发展，形式与内容愈加丰富多彩。主题馆、国家馆、企业馆等展馆林立，各国根据自身的文化背景、对主题的理解以及科技实力，精心规划、设计并建造展馆，呈现出一幅幅绚丽多彩的画卷。此外，国家馆活动、文艺演出、节庆论坛等活动，也

图1-1 1851年英国伦敦万国工业博览会开幕

图1-2 “水晶宫”举办的万国博览会

为观众带来了多样化的文化体验。世博会不仅是普通人的国际盛宴，更是促进和平与合作的全球盛会。各国首脑纷纷出席国家馆的展馆活动，共同见证历史性时刻。参展国组织的文艺演出和游行表演，给观众带来了一场场视觉与听觉的盛宴。世博会是人类历史发展的重要汇聚点，它伴随着技术进步、经济发展、文化繁荣而不断前行。从最初的小规模聚集，到吸纳一个国家的参与，再到1851年伦敦海德公园“万国博览会”的盛大召开，世博会为人类社会翻开了新的篇章。

1851年5月1日，和煦的阳光洒落在伦敦海德公园（图1-3），欢声笑语和悠扬的乐声交织成一片欢乐的景象。此刻，维多利亚女王与阿尔伯特亲王正一同前往海德公园，准备参加这场规模空前的万国博览会。这不仅是世界上最早的大型国际盛会，更是英国向全世界展示其工业实力，确立工业强国地位的重要契机。早在这之前，英国已有多次举办工业产品博览会的经验，但那些展会都是局限于国内。阿尔伯特亲王有着更宏大的视野，他坚信“艺术和工业创作是全世界的共有财产”，因此提出了一个大胆的想法：将博览会国际化，这一理念得到了维多利亚女王的大力支持，她积极倡导并通过外交途径邀请各国参展。

图1-3　1851年伦敦海德公园水晶宫展览馆

在女王与亲王的共同倡导与支持下，本次博览会汇聚了来自全球25个国家以及15个英国殖民地的众多企业参展，总数超过1万家。这场盛大的博览会吸引了超过600万的参观者，历时长达165天，展出的物品琳琅满目，总数超过10万件。展品涵盖了四大主要类别：原材料、机器、制造品以及美术作品，其中不乏珍稀的树胶、先进的引擎技术、精美的陶瓷器皿、独特的家具以及充满艺术气息的雕塑等。这些展品不仅展示了当时工业与艺术的发展成果，也反映了不同国家和地区在技术与文化方面的交流融合。

万国博览会的举办最初在英国国内引起了不少争议。保守派人士担忧大量游客涌入可能引发社会动荡，甚至革命暴动，而另一些人则反对在海德公园建造展览馆，唯恐对公园环境和树木造成难以弥补的损害。此外，时间紧迫与资金短缺也成为这次博览会面临的重要难题。1850年1月，英国政府特设皇家委员会，由阿尔伯特亲王（图1-4）领衔，吸纳了一批公共服务领域的杰出人士。委员会的主要任务包括宣传博览会的主旨和计划、筹集资金、寻找参展商和展品。

图1-4　阿尔伯特亲王

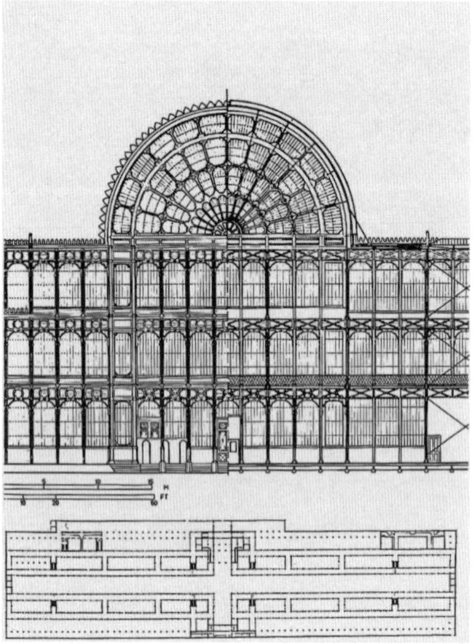

图1-5　“水晶宫”设计图纸

当万国博览会展馆的设计与建造陷入困境时，约瑟夫·帕克斯顿的“水晶宫”设计方案犹如一道破晓之光（图1-5），照亮了前方的道路。这座由查斯华斯庄园首席园艺师约瑟夫·帕克斯顿精心设计的宏伟建筑，占地7.27万平方米，建筑面积达到9.21万平方米。水晶宫仅仅用了四个月的时间就迅速完工。水晶宫不仅开创了以轻质玻璃和钢铁为框架结构的全新建筑形式，更展现了其独特的设计理念——以纯粹的玻璃构成的开放空间，取代了传统承重墙四面围合的封闭空间。这种新颖的设计使展馆内外的界限变得模糊，参观者在室内就能享受到阳光的温暖和树阴带来的凉爽，视线可以从繁忙的人群中穿越，直达清澈蔚蓝的天空。水晶宫以其独特的魅力和创新的设计，成为博览会上一道亮丽的风景线（图1-6）。

英国女王曾诚挚地向中国政府发出邀请，希望中国能参加这一盛大的万国博览会。然而，当时的中国清朝政府对此并未给予足够的重视，也未正式组织代表团出席。鉴于此，英国政府转而邀请了中国的

图1-6 “水晶宫”内景

商人们参与盛会。中国展区虽然位于“水晶宫”侧廊的南面，面积不大，但展品却极为丰富。这些展品大多是由英国贸易委员会精心收集的，包括上海荣记行的丝绸样品、景德镇的制瓷原料、精美的植物蜡、绣花屏风、珍珠、象牙雕刻、青铜器、鼻烟壶、茶叶以及翡翠制品等，无不彰显着中国文化的深厚底蕴与精湛工艺。在万国博览会开幕式的油画中，一位身着清朝官服的中国人格外引人注目。他站在画面的左侧，位置显眼，成为整幅画的焦点。经查证，这是一位来自广东的字号“希生”的中国人，曾是泰晤士河畔“耆英号”中国船上的重要一员，他在当地以其独特的魅力与亲和力赢得了人们的喜爱。1848年3月，“耆英号”抵达伦敦（图1-7），船上满载着中国的工艺品，这些精美的物品吸引了英国女王及狄更斯等众多名人的目光，他们纷纷前来参观。因

图1-7 中国船“耆英号”

此，在万国博览会开幕时，希生也收到了邀请。

水晶宫，作为世博会上首座标志性建筑，无疑是现代建筑史上的一座重要里程碑。其设计独特且具前瞻性，以至于在19世纪末，它依然被奉为各届世博会展馆设计的典范。世博会结束后，这座建筑被迁移至伦敦南部的西德纳姆山进行重建。然而，不幸的是，它在1936年遭遇了一场大火，最终化为灰烬。英国伦敦万国博览会作为现代意义上的首届世博会，向世界展示了现代工业的辉煌成就和人类无穷的想象力。这次博览会极大地推动了全球各地在经济、文化、科技、艺术等多个领域的发展，从而开启了世博会这一人类文明盛会的绚丽篇章。

（二）世博会的演进

在人类历史的浩瀚长河中，世博会不仅成为各时代物质文明成果展示的璀璨舞台，更深刻映照出人类对工业、科技、文化及民族精神的独特理解。世博会的演进历程，实则是人类对自身文明成就不断反思与进步的写照。工业革命犹如一股巨浪，催生了世界博览会，其初衷是展现各国在工业革命中的辉煌成就。追溯至1851年，英国在伦敦隆重举办了首届被公认为现代意义的世界博览会——伦敦万国工业博览会。中国也在此次博览会上展现了其独特的民族魅力，如荣记湖丝等优秀展品荣获金奖，赢得了国际赞誉。此次博览会并未进行直接的商品交易，这一特色也成为后续世博会的固定传统。

世博会的演进历程可严谨地划分为四个阶段：萌芽、兴起、完善、成熟。从维多利亚时代的初始探索，到工艺美术运动的兴起为世博会注入新活力，再到新艺术运动与装饰艺术风格的盛行，世博会逐渐形成了自己独特的文化魅力。随后，商业主义与国际化趋势的交融，以及现代主义与当代设计的兴起，使得世博会成为展现全球设计思潮的窗口。世博会不仅见证了机械化生产、工业革命和科技革命的重要节点，也承载了通信技术进步的成果。这些科学技术的发展不仅丰富了世博会的文化内涵，更为不同民族间的交流合作提供了契机。

若将奥运会视为体育竞技的巅峰展示，那么世博会则是文化、经济、科技交融的综合性盛会。世博会作为一个国际性的交流平台，为世界各国人民提供了深入了解彼此文化的机会，推动了科技、贸易等领域的交流与合作。它以其独特的魅力，成为连接世界人民的桥梁，记录着人类文明的发展轨迹。

当小约翰·施特劳斯那充满欢乐与活力的《蓝色多瑙河》旋律在1873年维也纳世博会上空飘扬时，普奥战争的阴影仿佛被一阵清新的风瞬间吹散，人们的思绪被带回了对和平与安宁的美好憧憬。岁月如梭，转眼间来到了1886年，经过两届世博会的辉煌历程，自由女神像终于在美国纽约的自由港入口处巍然耸立，成为美国的骄傲与永恒的象征（图1-8）。而仅仅三年后，在1889年的法国巴黎世博会上，著名建筑设计师古斯塔夫·埃菲尔亲手将法国国旗升上了高达300米的埃菲尔铁塔，这一壮丽景象象征着法国的荣耀与辉煌，成为巴黎乃至全球的新地标。

1904年的美国圣路易斯世博会如期举行。在这一届令人瞩目的盛会上，莱特兄弟的“飞行者二号”成功进行了飞行演示，其卓越的飞

图1-8　1886年自由女神像

图1-9 莱特兄弟的"飞行者二号"

行能力震惊了全世界，这一刻标志着人类正式踏入了航空时代的新纪元（图1-9）。时光荏苒，转眼间来到了1939年，科技的飞速发展再次为世博会带来了划时代的变革。在这一届纽约世博会上，人们首次通过电视机的屏幕，亲眼看见了开幕式的盛况，电视直播这一全新的传媒方式，为人们带来了前所未有的视觉盛宴和体验。

在20世纪30年代美国经济从萧条中逐渐复苏之际，为了铭记芝加哥建市百年这一历史性时刻，当局精心策划并举办了1933年的美国芝加哥世博会。这届盛会不仅彰显了城市的发展成果，更开创了两个具有深远影响的先河，为后世世博会树立了典范。首先，它首次明确提出"一个世纪的进步"作为世博会的主题，这一创新举措不仅为后世每届世博会设定独特主题奠定了基础，也展现了人类对科技进步和社会发展的深刻认识。其次，芝加哥世博会开创了大型企业在世博园区内设立专馆的先河。通用、福特、克莱斯勒等汽车巨头纷纷设立专馆，这一创新模式不仅深受企业家和参观者的欢迎，也为后届世博会的企业参展提供了宝贵的借鉴。

1958年的布鲁塞尔世博会，象征着第二次世界大战后的一次重要的社会与精神的复兴。人们不仅倾注心血重建家园，更在内心深处重建了对未来和进步的坚定信仰。此次世博会的主题定为"科学文明和人道主义”，这一选择鲜明地体现了从单纯的技术中心主义向更为平衡的人文主义理念的转变。其标志性的一个巨大的原子结构模型，不仅令人印象深刻，更寓意深远，它象征着人类在追求科技进步的同时，也始终不忘人文关怀，以及对和平与安全的深切渴望。

进入20世纪70年代，世博会的功能和影响力得到了进一步的拓展。它不再仅仅是一个展览的平台，而是成为各国在政治、经济、科技、文化等多个领域进行深入交流与合作的宝贵舞台。通过举办世博会，主办国能够显著提升其国际影响力，创造巨大的经济效益和社会效益，进而推动城市乃至整个社会的繁荣与进步。例如，1992年西班牙塞维利亚世博会的成功举办，极大地提升了这座城市的国际知名度，巩固了其作为西班牙第三大城市的地位。2000年德国汉诺威世博会的举行，则进一步巩固了这座城市作为新兴展览之都的地位，为德国的经济发展注入了新的活力。

在亚洲，日本率先举办世博会，并因此获得了巨大的益处。1970年，日本大阪世博会的成功举办，不仅为日本带来了经济结构的重大转变，从“重”工业为主导的经济体系逐步转向以信息、媒体、服务等“软”产业为核心，还推动了发展模式从以往大都市集中化向地方均衡化的转变。这一届世博会成为战后日本社会与经济发展的关键转折点，引领日本迈入了长达20年稳定且充满活力的发展时期。世博会如同一座桥梁，连接了日本的内外部世界，让内部的创新力量得以展现给全球，同时也让外部的先进理念和技术流入日本，为日本的持续繁荣奠定了坚实基础（图1-10）。

图1-10　1970年大阪世博会

中国与世博会的渊源深厚，其历史可追溯至第一届世博会。当时，中国特产“荣记湖丝”荣获大奖，商人徐荣村更是受到了英国女王的亲自接见，这一盛举象征着中国与世界博览会最初的交流与碰撞。到了1876年，中国以官方的身份首次亮相美国费城世博会，随后陆续在多届世博会上展示独具魅力的中国文化和精湛技艺的工艺品。在1915年的巴拿马世博会上，中国的茅台酒与张裕酿酒公司的“可雅白兰地”均展现了非凡的魅力，成功荣获奖项。其中，茅台酒凭借其卓越的品质，被高度赞誉并荣获世界第二名酒的殊荣，成为中国酒文化的杰出代表。而“可雅白兰地”更是凭借金质奖章（图1-11）和最优秀奖的殊荣，更名为“金奖白兰地”，这一荣誉不仅提升了中国酒文化的国际地位，也为中国在世博会上的精彩表现增添了浓墨重彩的一笔。

1982年，新中国重新参与美国诺克斯威尔世博会，标志着中国再次融入世界博览会的大家庭，并开始了与世界更广泛、更深入的交流与合作。2002年12月3日，经过长达三年的不懈努力和国际展览局的投票表决，中国终于成功获得了2010年上海世博会的举办权。这是世博会第一次在中华大地上举办，也是发展中国家首次举办世博

图1-11　1915年张裕公司巴拿马金奖纪念章

图1-12　2010年上海世博会开幕

会。2010年上海世博会的成功举办（图1-12），不仅为国人提供了从全方位角度了解世博会的绝佳机会，更让世界见证了一个正在崛起的中国。这场持续184天的盛大节日虽然已落下帷幕，但它留下的财富却是无法估量的。借助上海世博会的东风，中国经济发展方式成功实现了转型，带动了建筑、展示、创意设计、艺术、音乐等行业的健康、快速发展。对于21世纪的中国而言，这既是一个展现自身实力、扩大国际影响力的机遇，也是一个面对挑战、实现自我超越的过程。

二、世博会视觉形象设计的概述

（一）世博会视觉形象设计概念

视觉形象设计是通过视觉元素来创造和传达特定的品牌形象、企业文化或产品特点。视觉符号、设计理念、目标受众是视觉形象设计的重要元素。视觉符号是视觉形象设计的基础，包括标志、字体、颜色、图像等。这些符号通过组合和布局，形成独特的视觉形象，协助识别和记忆品牌或产品。设计理念是视觉形象设计的核心，它体现了品牌或产品的价值观、个性和愿景。通过设计者深入理解品牌或产品的核心理念，将其转化为具体的视觉元素。目标受众是视觉传达形象设计的重要考量因素。设计师需要了解目标受众的喜好、需求和期望，以确保设计作品能够引起他们的共鸣和兴趣。

世博会视觉形象设计是指通过一系列视觉元素和符号的创意设计，来塑造和传达世博会主题、文化和理念的视觉体系。这一设计过程涵盖了标志、海报、吉祥物等核心内容，旨在以富有传播力和感染力的方式，将世博会的核心价值与公众进行有效沟通，展现其独特魅力和文化内涵，为参观者提供全方位、沉浸式的视觉体验（图1-13、图1-14）。

图1-13　2010年上海世博会标志

图1-14　2010年上海世博会中国馆

世博会的视觉形象设计不仅传达了信息，也将世博会与其他展会和活动区别开来，同时将世博主题与核心思想相统一。世博会通过视觉形象设计展现了设计的变迁，是设计史的无形资产，也是科学技术进步发展历程的见证。

（二）世博会视觉形象设计变迁

世博会视觉形象设计的发展历程是一个逐步演变和扩展的过程，其起源和发展受到科技、文化、经济等多方面因素的影响。

15世纪，随着印刷技术的出现和发展，如凹版印刷机的发明，印刷品开始成为视觉传达的主要媒介。1473年，英国的威廉·凯克斯顿在伦敦首次发布了广告，这是史上可查证的第一份印刷形式的平面广告，其内容为出售祷告书，该广告是广告史上的一个重要里程碑。到了17、18世纪，随着报纸的普及和印刷技术的进步，印刷广告得到了快速发展。1626年荷兰报纸上刊登了砂糖、香烟、胡椒、象牙等的竞卖广告，这标志着现代广告的开始。随着印刷技术和照相技术的发展，海报设计开启了世博会视觉形象设计的序幕。

1. 世博会视觉形象设计的萌发

摄影技术在印刷上的应用给予视觉形象设计新的可能性，1880年，美国的《纽约画报》开创了一个全新的时代——它首次采用摄影制版的方式，将一幅摄影作品《仙蒂镇的风景》呈现在读者面前（图1-15）。这幅作品不仅仅是一张简单的照片，它更是史蒂芬·霍根（Stephen H. Horgan，1854—1941）的半色调处理丝网制版技术的完美体现。这一技术革新为摄影作品的传播打开了新

图1-15　1880年《纽约画报》一幅摄影作品《仙蒂镇的风景》

的大门。具体操作过程中，摄影底片被放置在丝网之上，通过光线的照射，照片上的每一个细节都被细致地分割成无数个微小的格子。这些格子中，有的明亮如昼，有的深邃如夜，每一个格子都承载着照片独特的明暗和细节。接下来，这些格子被一一映射到涂有感光材料的底板上，经过精确的曝光和加工，形成了一块金属印刷版。这一技术的出现，不仅极大地提升了摄影作品的传播效率，也极大地丰富了报纸的内容形式。从此以后，摄影作品不再仅仅局限于画廊和展览，它们可以通过报纸这一大众媒体，迅速传播到千家万户。1876年费城世博会发行了宣传报纸（图1-16），世博会视觉形象设计也有了更加丰富的表现形式和更多的传播途径。

图1-16　1876年费城世博会宣传报纸

19世纪中叶，海报设计开始兴起，并逐渐成为视觉传达的重要形式。法国的朱尔斯·谢雷特在1866年制作了第一张彩色的平版招贴，这标志着现代招贴广告的产生。工艺美术运动作为19世纪后半叶英国设计领域的一次革新性运动，其产生具有深远的历史背景。工业革命促进了机械化生产的繁荣，而维多利亚时代的过度装饰风格则导致了设计领域的繁琐和冗余。面对这一困境，全球的设计师们纷纷行动起来，他们不满足于现状，开始从传统设计的智慧中汲取养分，同时积极探索远东地区的独特艺术风格，力求为设计界带来全新的视角和灵感。经过不懈的努

图1-17　莫里斯设计的花卉图案墙纸

力，他们成功地为设计领域注入了新的活力，实现了设计的革新与发展。“具体来看，其起因是针对家具、室内产品、建筑因为工业化的批量生产所造成的设计水准下降，平面设计作品也在工业化大量出版的前提下面临质量下降的局面。”[1]“工艺美术”运动的理论指导是英国美术评论家、作家约翰·拉斯金（John Ruskin）[2]。他认为“工业与美术已经齐头并进了，如果没有工业，也就没有美术可言，看看欧洲地图就会发现，工业越发达的地方，美术也越发达。”1851年世博会展出的大量粗糙的工业产品展现了过度装饰和矫饰的特点，不仅凸显了工业化设计所面临的困境，更是维多利亚时代矫揉造作风格泛滥的体现。批判家和艺术家的警觉，让设计师深刻认识到设计问题的严重性，并纷纷开始寻求摆脱这一设计困境的途径，工艺美术运动应运而生。威廉·莫里斯[3]是这场运动的领军人物，作为现代装饰运动的奠基人之一，莫里斯的理念深深影响了这场运动。他对中世纪风格的热爱，对日本等东方艺术的借鉴，对矫揉造作风格的批判，对手工艺的热爱以及对大工业化的抵触，都构成了工艺美术运动的核心要素（图1-17）。

早期世博会海报设计受工艺美术运动和新艺术运动的影响，植物等自然形态呈现在这一时期的世博会海报设计中，结合印刷与照相技术，故事性绘画结合字体设计、版面设计等形成了早期世博会宣传海报作品。当时的插图和商业海报设计在印刷技术的支持下蓬勃发展，印刷技术的革新让批量生产海报成为19世纪世博会宣传的核心途径。1876年、1893年、1900年的世博会海报颇具工艺美术运动和

---

❶ 王受之．世界平面设计史[M]．北京：中国青年出版社．

❷ 约翰·拉斯金（John Ruskin）是英国美术理论家、教育家、“工艺美术”运动的理论指导者，也是最早提出现代设计思想的人物之一。主要著作有《现代画家》《威尼斯的石头》等。他强调设计的社会功能，认为设计应该为大众服务，而不是为少数权贵服务，强调设计的民主性，反对精英主义设计。提出了对现代设计发展方向的看法。

❸ 威廉·莫里斯（William Morris）是19世纪80年代到20世纪蓬勃发展的英国工艺美术运动的引导人，被誉为“现代设计之父”。

新艺术运动的特点（图1-18、图1-19、图1-20）。随着1893年世博会纪念邮票的出版发行，历史事件、人物等都通过世博会邮票形式记录并传播。虽然早期世博会的海报设计和邮票设计没有系统化整体呈现视觉形象设计的特点，但为接下来世博会视觉形象设计的发展奠定了基础。

朱利斯·谢列特（Jules Cheret），被誉为设计史上的“现代海报之父”，他也是早期世博会海报设计的杰出代表，其艺术生涯跨越了两个世纪，为法国乃至全球的平面设计领域带来了深远的影响。自19世纪起，他就开始涉足海报设计，创作了上千张具有鲜明维多利亚风格的作品，这些作品为法国平面设计树立了新的标杆。谢列特不仅是一位杰出的艺术家，更是一个时代的象征，他以其独特的艺术视角和卓越的设计才能，为法国海报设计创造了一个辉煌的黄金时代。他的作品在1889年的巴黎世博会上荣获金奖，这一荣誉充分证明了他在海报设计领域的卓越地位。他的作品，尤其是那些展现“谢列特女”形

图1-18　1876年费城世博会海报设计

图1-19　1893年芝加哥世博会海报设计

图1-20　1900年巴黎世博会海报设计

象的海报，成为世博会历史上的经典之作，至今仍被人们传颂，成为平面设计史上不可磨灭的经典（图1-21）。

谢列特的作品深受法国画家瓦图（Watteau）和佛拉哥纳特（Fragonard）的影响，在人物造型上汲取了他们的精髓。同时，他在色彩运用上受到了英国画家透纳（Turner）的启发，使得作品色彩丰富且充满表现力。在绘画结构上，他借鉴了意大利画家蒂柏洛（Tiepolo）的风格，特别是在人物身体的动态表现上，他的人物形象常常展现出激烈的扭动，充满动感与活力。这种独特的艺术风格使得他创造出了一种典型且优美的女性形象，被艺术界亲切地称为“谢列特女”，在当时的社会文化中极为流行。

图1-21　1889年法国巴黎世博会海报

2. 世博会视觉形象设计的形成

1933年世博会出现了主题——“一个世纪的进步”，标志设计第一次成为世博会的主要视觉元素，从此世博会视觉形象设计形成。

进入20世纪，现代艺术运动蓬勃发展，立体主义、野兽派、达达主义等流派纷纷崭露头角，这一时期的世博会设计风格也经历了巨大的变革。1925年，巴黎世博会上的装饰艺术运动大放异彩，成为当时的焦点。随后，1929年的巴塞罗那世博会则进一步确立了现代主义在建筑设计、家具设计和平面设计领域的领导地位，对全球产生了深远的影响。

在1933—1964年的世博会中，标志设计频繁地出现了地球的抽象或具象图形，开始关切人类的生存环境及其与自然的和谐共生。1933年的芝加哥世博会标志主体为一颗跃动的地球，勾画出一道充满活力的弧线轨迹，象征了人类活动的广泛性与蓬勃生机。该标志的字体铿锵有力，不仅展现了设计师的精准技艺，也凸显了芝加哥世博会的磅礴气势与坚定信念。此次世博会以其明确的主题“世纪的飞跃”而被视为世博会历史中的一个崭新篇章。

随着第二次世界大战的阴影逐渐迫近，全球被战争的阴霾所笼罩。在这样的时代背景下，布鲁塞尔世博会的标志被设计为一个身扛地球的人物形象，这不仅反映了时代赋予人们的沉重使命，也隐喻了战争爆发前世界所面临的巨大挑战与压力。

第二次世界大战的爆发严重动摇了欧洲作为现代艺术与设计前沿的地位。许多艺术家和设计师逃离战火，迁移至美国，这一过程促成了美国现代主义设计风格的形成。例如，1939年纽约世博会上，通用电器所设计的现代灯具便充分展现了这一风格。

在1958年的比利时布鲁塞尔世博会上，几幅具有划时代意义的海报作品诞生，这代表着早期“装饰型”的设计模式逐渐被更先进且独特的“非装饰型”的设计模式所取代。这些画作展示出纯粹简约主义设计思想，将世界展览会标志精练到极致，去除繁杂的地图元素，并灵活运用鲜明的颜色线条为整体增添活力感。广告内容以无衬线字体清楚表达时间、地址及事项等资讯，而布鲁塞尔举办的世界大展也确实对传统平面艺术转变进入现代风格起到了重要作用。其中，由丹·瑞森格(Dan Reisinger)创作的海报尤为引人注目，他巧妙地运用了摄影技术，通过元素的拼贴与整合，再拍摄成形的创新手法，为海报艺术注入了新的活力。这种手法在当今平面设计界依然被广泛应用（图1-22)。布鲁塞尔世博会标识是由艺术大师洛克设计的，他以一种稍微变形的形式描绘了一个五边形，代表着全球五个大洲的联合力

图1-22　1958年世博会海报

量。此外，他还巧妙地融入了地球、数字“58”和布鲁塞尔市议会的轮廓，这三个元素共同构建出一幅稳定的三角构图。洛克表示：“地球是不可或缺的元素，因为这是一场世界性的盛会。”丹·瑞森格在此基础上进行了简洁而有力的处理，将标志以醒目的白色呈现在黑色的背景上，并通过折叠纸张的方式创造出独特的纹理效果。

到1962年的“空间时代的我们”，西雅图世博会的焦点已经转移至展示人们对于神秘宇宙探险的精神追求上来了，其独特的标识外观包含平面化的图像及“21”，表达出即使是在航天时期我们也依然关心并保护好自己的家园，同时还满怀憧憬展望未来的可能性。这一设计不仅体现了人类对太空探索的热情，也表达了对地球及其未来命运的深刻思考。

3. 世博会视觉形象设计的发展

20世纪50—60年代，品牌中的视觉要素开始被系统地应用于商业经济组织。从那时起，“优良设计是良好的买卖”逐渐成为业界的共识。一些大型商业机构已经意识到，优秀的品牌形象和系统化设计能够提升品牌价值。随着市场观念的更新，企业不仅希望短期内取得销售成果，更愿意通过包括产品包装、标志、色彩、广告等在内的系统化设计来塑造积极的品牌形象。这标志着企业形象设计的诞生，它要求企业从综合的视觉因素出发，来塑造自身的形象，增强消费者信任以及推动销售。企业通过统一的视觉形象来塑造和传播品牌，以区别于竞争对手。利用商标和其他标志来树立形象并非新鲜事物，欧洲在18世纪初已有此实践，而中国北宋时期的“白兔牌”剪刀广告则体现了品牌形象设计的雏形。然而，这些活动在早期是分散和不成系统的。直到二战后，随着国际市场竞争的加剧，企业形象设计才得到了飞速的发展。美国的平面设计界在此领域尤为突出，其设计家们为企业形象设计奠定了基础。这一观念随后被传播到欧洲和日本，并在日本得到了进一步的完善和发展。

到了20世纪70—80年代，企业形象设计（Corporation Identity

System）观念开始崭露头角。这一设计理念的诞生深受军队视觉体系的影响，它摒弃了传统世博会视觉传播设计中主题模糊、目的宽泛的特点，转而追求明确有效的设计目标。设计被视为世博会进行自我推广和形象塑造的重要工具。视觉形象设计系统主要聚焦于视觉元素，包括标志、标准字体、标准色彩以及这些元素的标准应用规范，称为“视觉识别系统”，也就是视觉形象设计。随着交通和通信技术的飞速发展，全球的距离被显著拉近，信息和创新的传播不再依赖于传统的世博会平台来进行大规模的扩散。世博会的策划者们敏锐地捕捉到了这些时代特征，以及大众媒体迅猛崛起所带来的变革，意识到世博会展示的重点需要与时俱进，适应这一变化。1970年日本大阪世博会系统地设计了标志、标准字、吉祥物、海报、邮票等整体视觉形象设计（图1-23、图1-24、图1-25），从1970年大阪世博会到1982年诺克斯维尔世博会，标识符号等视觉形象设计已经逐步完善。

图1-23　1970年日本大阪世博会标志设计稿

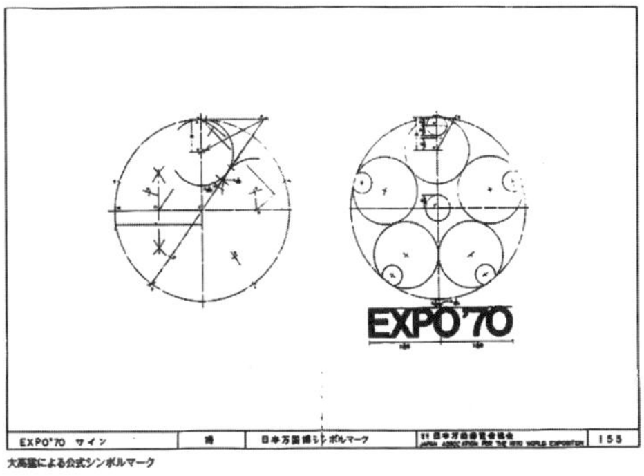

图1-24　1970年日本大阪世博会标识系统

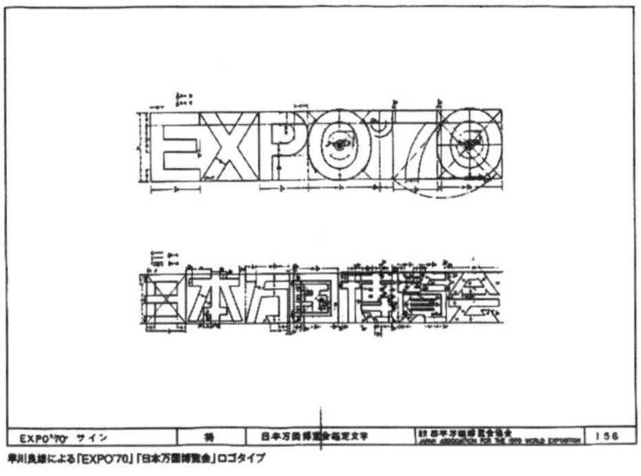

图1-25　1970年日本大阪世博会标准字设计

4. 世博会视觉设计的多元化

“随着举办国的增多与亚洲等国家的加入，近代的世博会视觉设计走向多元化，不同民族体现了他们对世博会的不同理解。2005年爱知世博会的视觉传播设计无疑是令人难忘的，其亮点在于将本届世博会吉祥物‘森林爷爷’和‘森林小子’广泛使用在各种设计媒介上。”[1] 2005年日本爱知世博会园区内容指示标识已非常完善，在爱知世博园区内，指示牌系统展示了其高度实用性与多元性。园区内，无论是引导参观者至各场馆的导引标识，还是说明场馆功能、位置及联动控制信息的说明牌，都设计得细致入微且种类繁多。这些指示牌不仅分工精细，而且分布广泛，确保游客在园区的任何角落都能每隔约100米便找到一块指示牌。这些指示牌上统一使用中、英、日、韩四种文字，清晰标注了位置、场馆、餐馆等关键信息，极大地方便了国际游客。凭借这一完善的导视系统，观众便能迅速定位自己的位置，规划出最佳的参观路线。到了夜晚时分，这些指示牌顶部配有照明设备，确保夜间也能为游客提供清晰的指引。而白天，这些照明设备顶部的太阳能电池板则默默收集太阳能，为夜晚的照明提供能源，实现了环保与实用的完美结合。

从20世纪初的现代艺术运动到二战后的设计迁移，再到企业形象设计的崛起和世博会视觉设计的多元化，这些变革不仅体现了艺术与设计的演进历程，也展现了世博会作为展示人类文明和技术进步的重要平台，其视觉设计紧跟时代潮流，不断创新与突破。随着科技的不断发展，当代世博会的标识设计也愈发注重科技含量。其中，智能化交通管理系统的广泛应用便是这一趋势的显著体现。该系统能够实时采集场馆内外交通的动态信息，经过数据处理后，将最新的道路、交通、停车等全方位信息实时发布到交通显示屏、广播台、电视台以及车载信息等终端设备。这一系统不仅为游客提供了更为便捷、准确的交通信息服务，还有效缓解了交通压力，提高了游客的出行效率。

---

[1] 周进．世博会视觉传播设计[M]. 上海：东华大学出版社，2008.

从爱知世博园区的指示牌系统到当代世博会的智能化标识设计，都体现了世博会对于游客体验与环保理念的重视，以及对于科技创新的积极探索与应用。

进入21世纪，随着网络体系的迅猛发展，特别是以计算机网络为核心的领域更是呈现出蓬勃生机。这种快速的发展带来生活、工作、学习和信息交流上的便利，也对传统媒体产生了深远的影响。报纸、杂志等传统媒介在信息传播的速度和时效性上已无法与网络相提并论，书信往来也因移动网络的普及而逐渐淡出人们的视线。这种趋势促使世博会视觉形象设计将传播的焦点转向新媒介，从而极大地推动了数字化设计艺术的广泛传播和应用。视觉传达形象设计开始向数字化和新媒体领域扩展。网页设计、数字化媒体广告等成为视觉传达的新形式，逐渐与其他领域进行融合，如环境设计、产品设计等。这种跨领域的融合为世博会视觉形象设计提供了更广阔的发展空间。

（三）世博会视觉形象设计特点

视觉形象设计广泛应用于各个领域，包括品牌设计、广告设计、包装设计、环境设计、媒体传播等。通过视觉元素的设计和传达，这些领域都能够实现更好的品牌塑造和信息传播效果。世博会视觉形象设计注重创意和执行，通过解读主题的核心理念和传播的目标受众，运用独特的视觉符号和元素，创造出具有吸引力和辨识度的视觉形象，帮助世博会形象的塑造和有效传播。

1. 民族文化性

民族文化性是世博会视觉形象设计的重要特点。民族文化性是设计灵魂的体现，它要求设计师在设计中体现世博会主题精神，同时，世博会作为展示各国文化、科技和经济实力的重要平台，其视觉形象设计也承担着传播国家形象、促进文化交流的重要使命。

世博会视觉形象设计通过艺术的方式强化国人的民族认同感。视觉形象设计作为文化的载体，能够深入挖掘和提炼本国的文化元素，通过独特的艺术表现形式将这些元素融入设计中。这种设计不仅是对国家文化的传承和弘扬，更是对国民文化自信的强化和提升。世博会视觉形象设计还以积极、主动的方式影响着民众对本国的印象与评价。在世博会期间，各国观众会通过视觉形象设计对该国产生初步的印象和评价。一个具有民族文化特色的视觉形象设计不仅能够吸引外国观众的眼球，还能够让他们对该国产生更加深刻的印象和好感。这种印象和好感对于提升本国的国际形象、促进国际合作具有重要意义。

世博会作为一个展示全球科技与文化的盛会，其视觉形象设计自然需要体现出多元文化的融合。然而，在这个全球化的舞台上，各个参展国都希望借助世博会这个平台，向世界展示其独特的民族文化魅力。因此，民族文化性在世博会视觉形象设计中占据了举足轻重的地位。民族文化性不仅体现在设计的主题、色彩、图形等视觉元素上，更体现在设计的理念、风格和精神内涵中。设计师需要深入挖掘本民族的文化传统和历史底蕴，将其与现代设计理念相结合，创造出既有传统韵味又符合现代审美趋势的视觉形象。

世博会视觉形象设计在追求现代审美的同时，充分融合了举办国的传统元素。这种融合不仅体现在整体设计风格上，更细化到每一个符号、色彩和图形中。设计师们深入挖掘民族文化的精髓，将其与现代设计手法相结合，创造出既有传统韵味又符合现代审美趋势的视觉形象。例如，在2010年上海世博会中，中国馆的设计就是一个典型的例子。其外观采用了斗冠造型，这一设计灵感来源于中国传统建筑的坡屋顶形态，体现了中国古代建筑的精髓。同时，在色彩和图形的运用上，上海世博会的视觉形象设计也充分展现了民族文化的特色。设计师们通过对民族文化的深入研究，提炼出具有代表性的色彩和图形元素，并将其运用到设计中。中国馆的红色主色调也取自中国传统文化的“故宫红”，这种颜色不仅具有视觉冲击力，还象征着吉祥、繁荣和昌盛，体现了中国传统文化的魅力。

世博会视觉形象设计的民族文化性特点主要体现在融合传统元素

与现代审美、强烈的民族文化象征性、体现民族文化精神、色彩与图形的民族文化特色以及国际化与民族文化的结合等方面。这些特点共同构成了世博会独特而丰富的视觉形象设计体系。

2. 艺术性

世博会视觉形象设计作为展示一个国家或地区文化、科技和艺术水平的重要窗口，其艺术性特点显得尤为突出。

世博会视觉形象设计在追求独特性的过程中，形成了各具特色的审美风格。这些风格不仅是对传统元素的传承与发扬，更是对现代审美趋势的敏锐捕捉和个性化表达。设计师们通过对色彩、图形、字体等视觉元素的精心选择和搭配，以及对设计手法的创新运用，创造出了一系列具有强烈辨识度和独特魅力的视觉形象。这些设计作品在传达世博会主题和信息的同时，也展现了设计师们的艺术追求和个性风采（图1-26、图1-27）。

世博会视觉形象设计在视觉元素的运用上极为丰富。通过深入挖掘不同民族和地区的文化元素，以及对现代设计元素的广泛运用，创造出了形态各异、色彩丰富、层次分明的视觉形象。这些视觉元素不仅增强了设计的视觉冲击力，也提高了设计的艺术感染力和观赏性（图1-28）。同时，注重元素的组合和搭配，通过对比、重复、渐变等

图1-26　1939年世博会视觉形象标志建筑的应用

图1-27　1964年世博会视觉形象标志建筑的应用

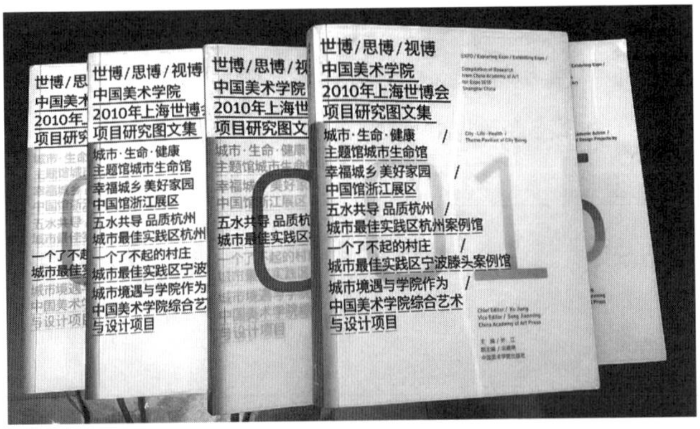

图1-28　笔者参与设计的2010年上海世博会《城市生命馆项目研究图文集》

设计手法，营造出丰富的层次感和空间感，使设计作品更具立体感和深度。这些文化内涵的融入不仅增强了设计的文化底蕴，也引发了观众的情感共鸣。观众在欣赏设计作品的同时，能够感受到不同文化的魅力和韵味，从而加深对世博会的理解和认同。

世博会的形象设计注重视觉冲击力，以便于人们记忆和识别。例如，1986年温哥华（加拿大）世博会的logo由三个相互交融的环构成“86”的字样，寓意着土地、空气和水分，与“交通与通讯”的主题紧密相连。1998年里斯本（葡萄牙）世博会的logo采用简洁的蓝色调和传统的手绘风格，成功地将里斯本作为世博会举办城市的形象传递给了世界。世博会的形象设计吸引了全球设计师的参与，体现了国际化和专业性的特点。这种全球性的设计交流与合作，为世博会的形象设计增添了更多的国际化和专业化的元素。世博会的形象设计注重整体性和统一性，通过统一的符号和形象来建立世博会与举办国的城市形象，增强社会大众的记忆度和信赖感。

世博会视觉形象设计不断尝试新的设计思路和方法，打破传统的设计框架和束缚，追求更加独特的设计效果。世博会视觉形象设计能够敏锐地捕捉时代的发展和变化，将最新的设计理念和科技应用到设计中，这种创新的设计理念不仅推动了设计领域的进步和发展，也为世博会视觉形象设计注入了新的活力和动力。

3. 时代性

世博会的视觉形象设计深刻体现了其时代性的特点。这种时代性不仅体现在设计的主题、风格上，还贯穿于设计元素的选择、色彩的运用以及整体视觉效果的呈现上。

世博会的视觉形象设计往往紧扣时代主题。每一届世博会都有独特的主题，这些主题往往与时代背景、社会热点以及人类共同面临的挑战密切相关。例如，2010年上海世博会的主题是“城市，让生活更美好”，这个主题精准地描绘出当时的时代环境，即快速的城市发展和不断加剧的问题挑战。设计师们通过独特的视觉形象设计，将这一主题巧妙地融入各个展区、展馆的设计中，使参观者能够直观地感受到时代的气息。世博会的形象设计往往紧密围绕其主题展开。城市生命馆将各时期的建筑特色作为视觉元素，将城市发展与生命脉络的概念结合（进行拟人化），与上海世博会的主题和和谐共生发展的时代背景相统一（图1-29）。1992年塞维利亚世博会的logo采用抽象的波纹图形标志，象征着“发现的时代”的主题。1993年大田世博会的logo则采用了太极符号的变化图形，与“新的起飞之路”的主题相呼应。

世博会的视觉形象设计在风格上也具有鲜明的时代特征。随着时

图1-29　2010年上海世博会《城市生命馆》城市建筑元素的视觉设计

代的变迁，人们的审美观念、价值观念以及生活方式都在不断发生变化，这种变化也反映在世博会的视觉形象设计上。例如，早期的世博会可能更加注重实用性和功能性，设计风格相对保守。而到了现代，随着人们对美的追求和审美水平的提高，世博会的视觉形象设计更加注重艺术性、创新性和文化性，设计风格也更加多元化、个性化。这种变化不仅体现了设计师们对时代精神的敏锐捕捉和深刻理解，也展示了设计艺术在时代变迁中的不断发展和进步。

世博会的视觉形象设计在元素选择和色彩运用上也体现了时代性的特点。设计师们会根据时代的流行趋势、人们的审美偏好以及参展国家的文化特色等因素，选择具有时代感的元素进行创作。世博会的形象设计经常使用符号化的手法来传达其主题和理念。比如，“能量——地球之力”这个标志出现在1982年的诺克斯维尔世博会上；而1984年的新奥尔良世博会上的标识——以动态的形式呈现水的波动状态，代表着“全球湖泊与河流来源”的理念。世博会的视觉形象设计在主题、风格、元素、色彩运用以及整体视觉效果等多个方面都体现了其时代性的特点。世博会的视觉形象设计在整体视觉效果上也体现了时代性的特点。各个展区、展馆的视觉形象设计融为一体，形成一个和谐统一、具有强烈视觉冲击力的整体效果。这种整体效果使参观者能够深刻感受到世博会的主题和氛围。

4. 互动性

新媒体技术革新下，产生了数字化视觉形象设计。数字化形象设计在新媒体和互联网环境下的显著特点之一是互动性。这主要源于互联网和新媒介的即时交互性，使得公众不再是信息的被动接受者，而是可以主动选择、参与甚至创造信息，成为信息传播过程中的积极参与者。这种互动性不仅加强了信息的传播效果，还有效促进了公众的互动，进一步加深了公众对世博会视觉形象的印象。数字化形象设计在表现形式上展现出明显的多维性特征，这一点与平面印刷媒介形成鲜明对比。例如，网络中的超级链接技术允许用户在浏览世博会相关信息时实现不同主题之间的自由跳转，打破了传统线性信息接收的方式。这种多维性不仅使信息呈现具有空间的层次性和立体性，还通过动态方式吸引用户的注意力，增强了信息的可读性和吸引力。在视觉形象设计中，多种媒体技术的综合运用成为其重要特征。通过HTML超文本链接技术，可以整合文本、图像、动画、声音、视频等多种媒体信息，组织在二维页面中，为用户提供丰富的信息体验。随着技术的不断进步和公众网络应用环境的提升，这种多媒体综合性能够营造出更加完美的意象空间，使数字化世博会变得更加丰富多彩。

视觉形象设计在世博会承担着传达信息、传达文化、满足大众审美需求的重要任务。由于基础设计中标志设计、吉祥物设计、海报设计等在视觉形象设计中起主导作用，有着引领和快速传达主题意义的作用，视觉形象设计成为对世博会进行规划、设计时首先考虑的形象因素。世博会视觉形象设计无疑是代表国家形象，代表民族精神的重要载体。历届世博会的形象设计在文化融合与创新、符号象征性、设计理念与主题的紧密联系、视觉冲击力与辨识度、国际化与专业性、技术与艺术的结合、整体性与统一性等方面都表现出显著的特点。这些特点共同构成了世博会独特而丰富的形象设计体系（图1-30）。

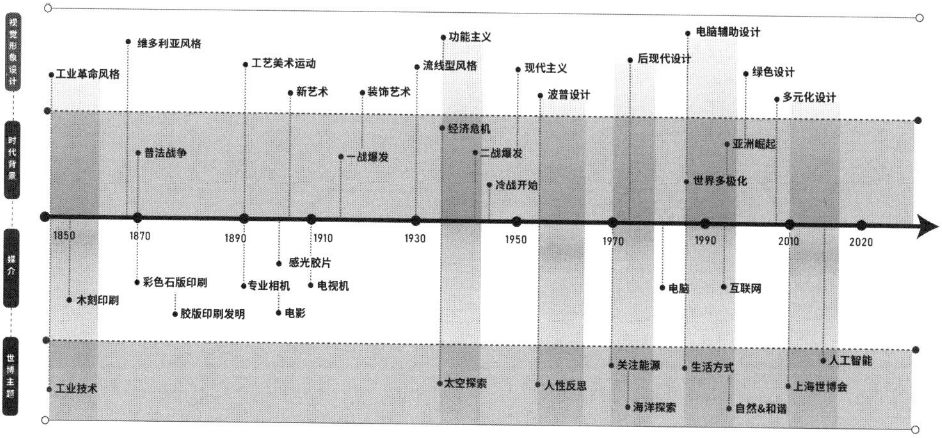

图1-30　世博会视觉形象设计的发展

第二章 | 世博会标志设计

从1851年第一届世博会开始，世博会便是人类的科学技术史、艺术史，更是设计史的缩影。1933年的美国芝加哥世博会开启了世博标志的篇章，世博会标志与主题是同时出现的，世博会标志的出现正是文化发展推动的产物。从第一个世博会标志到历届世博会标志的更新，诠释着对同时期的科技、历史、文化、艺术发展的理解。世博主题更是折射了社会进步与发展的前进目标和人类文明发展的方向。

"世博会设计，大而言之是社会公众通过各种媒体接触到世博会理念和视觉传达符号，形成对世博会自身及主办国家和城市的总体印象和评价；具体是指：视觉形象是世博会区别于其他社会现象的识别要素之一，是世博会主题内涵的外在表现。"[1]世博会设计展现了不同时期对视觉设计的客观需求，从早期的以张贴海报宣传逐渐形成由主题、标志设计、海报相结合的整体设计，每一届世博会系统的视觉形象设计，是视觉设计在不同时期表现形式的探索。标志最早的出现是

[1] 周进，张勇．世博会的商业设计[J]．商场现代化，2008(1)．

作为物的所有权的象征符号。欧洲中世纪的时候，在战争的厮杀中以徽标来区分敌人和同盟。在中国古时候也有用绳结来记录生活中的大事件。世界上第一个标志出现在圣经《创世纪》中“耶和华就给该隐立一个记号，免得人遇见他就杀他”。这是该隐杀了自己的弟弟后，耶和华给他身上做了一个标志，让别人不能惩罚他。耶和华制造的这枚标志，让看到该隐的人都知道这个标志的含义，迅速传达、说服他人。

标志在世博会的商业发展、文化交流中起到了重要的作用。它不仅快速有效地传达着信息，而且不同国家不同文化背景的人都能快速地理解其含义。标志已经成为一种语言信息的传达者，标志其本身图形符号化的特点让受众留下深刻印象。随着科学技术、文化、经济的不断发展，标志设计也不断地适应社会的进步。

一、历届世博会标志的纵览

伴随着世界经济危机，世博会历史上第一个标志在1933年芝加哥世博会诞生，世博会的视觉形象设计也随之开始系统化。张宪荣曾指出：“文化符号因功能而生，其功能也决定了其存在。功能成为文化价值的主要体现，即其实用性。”[1]世博会自诞生，便受到广泛的关注。从历史的维度看，世博会是一部跨越千年的史诗。它见证了人类文明从蛮荒到文明的演进，从单一到多元的发展。每一届世博会都承载着时代的印记，反映了当时社会的风貌和人们的思想观念。这些印记不仅为我们提供了了解历史、认识世界的窗口，更为我们提供了思考未来、规划发展的灵感和启示。从文化的维度看，世博会是一个多元文化交流与融合的盛会。各国人民通过展示自己独特的文化传统、艺术成果和科技实力，相互学习、相互借鉴、相互启发。这种文化交流不仅促进了各国之间的友谊与合作，也推动了人类文化的多样性和

---

[1] 张宪荣．设计符号学[M]．北京：化学工业出版社，2004．

繁荣。从科技的维度看，世博会是一个展示人类科技成就、推动科技创新的舞台。各国科学家、工程师和艺术家们通过展示最新的科技成果、探讨未来的科技发展趋势、分享创新的理念和经验，共同推动人类科技的进步与发展。这些科技成果不仅为人类的生活带来了便利和舒适，更为人类解决全球性问题提供了有力的支撑。作为这一盛会的视觉核心，标志在历史的长河中不断演变，它融合了各民族的文化精髓，逐渐形成了独特而鲜明的文化标志。世博会如同一面镜子，映射出世界各国在不同历史时期的独特风貌。世博会汇聚了世界各地的智慧与力量，共同探索解决全球问题的途径。

自1933年世博会标志的首次构思与诞生，至今已跨越了近1个世纪的风云变幻，这三十余个标志不仅是视觉的呈现，更是人类文明深处涌动的思潮、科技进步的脉搏以及艺术创新灵魂的缩影。这些标志如同一颗颗璀璨的星辰，在历史的长河中闪烁着智慧的光芒，它们是文化交流的桥梁，是人类智慧与梦想的结晶。

这些标志，每一个都蕴含着深厚的历史积淀和独特的文化基因。它们不仅是对世博会主题的直观诠释，更是对时代精神的深刻反映。从中，我们可以窥见人类社会在不同历史阶段的文明轨迹，感受科技浪潮带来的巨大变革，领略艺术潮流的创新之美。这些标志以简洁的线条、生动的形象、深邃的寓意，展示了人类对于美好生活的追求和向往。透过世博会标志，我们得以触摸到历史的厚重与文化的深沉。它们跨越了地域的界限，连接了不同的文明，让世界各地的人们在世博会的舞台上相聚，共同分享人类的智慧与成果。这些标志不仅促进了不同文化之间的交流与融合，更增进了人类之间的理解与尊重，为构建一个和谐共生的世界提供有力的支撑。

世博会标志的发展，历经了三个显著的阶段，从早期萌芽到逐步成熟，标志的演变不仅见证了时代的变迁，更承载了人类对于进步与和平的永恒追求。在早期萌芽阶段，随着第一次、第二次工业革命的浪潮，社会化大生产极大地改变了人们的生活，生产力的飞速发展丰富了人们的物质生活，这为世博会的发展提供了肥沃的土壤。从世博会主题上来看，“进步与发展”出现8次，“自然”出现5次，“科学与技术”出现7次，“海洋”出现7次，“人”出现8次。根据主题的统计，世博会反映了社会关注人类发展和自然、科学进步之间的关系。历届世博会的主题都是标志表达的主要方向。

在标志设计的萌芽时期，欧洲文化的异域风情和自信气质成为主导。这一时期的标志设计，宛如一扇扇通往欧洲文明的窗口，将欧洲的文化魅力与自我表达展现得淋漓尽致。水晶宫与埃菲尔铁塔等标志性建筑，不仅成为世博会的璀璨明珠，更成为城市的灵魂与象征。这些设计作品，以其独特的审美和工艺，向世界展示了欧洲文化的繁荣与自信，也为后世的世博会标志设计奠定了坚实的基础。

随着时代的变迁，世博会标志设计进入了发展时期。这一时期，装饰艺术风格盛行，各国开始更加注重在国际博览会上塑造和展示自身的国家形象。与此同时，世博会的领域也从单一的技术与产业扩展至艺术和文化等更为宽广的领域。在这一阶段，标志更加注重细节和装饰性，通过华丽的线条和丰富的色彩，展现出一种独特的艺术韵味。这种设计风格，不仅展现了当时社会的审美趋势，也为后世留下了丰富的文化遗产。

随着世界经济的迅猛发展，现代设计逐步成熟，世博会标志设计也进入了全新的成熟时期。新技术、新材料的不断涌现，为标志设计注入了前所未有的活力和创意。这一时期更加注重创新和个性化，以简洁而富有创意的线条和色彩，传达出世博会的主题和理念。世博会开始关注环保理念的表达，强调人与自然的和谐共生。绿色设计理念融入世博会设计，不仅体现了现代社会的审美趋势，也展现了人类对于可持续发展的深刻思考。

（一）世博会标志设计萌芽阶段

工艺美术的浪潮，作为世博会发展的助推器，孕育了1933年世博会的标志，它诞生于20世纪30年代装饰艺术的风潮之中，标志着世博会设计步入了崭新纪元。此标志的诞生，堪称时代的里程碑。此前，世博标志多沿袭传统宣传海报风格，缺乏统一与标志性的视觉表达。而此次设计，颠覆传统，为世博会带来了前所未有的视觉革新与深刻寓意。

1929—1933年资本主义世界被世界经济危机的阴霾所笼罩。股市泡沫，人们失业率不断增长，很多人处在破产的边缘，世界人民处于水深火热之中（图2-1）。绝大部分资本主义国家采取闭关锁国的政策来应对经济危机。经济大萧条也是产业和技术进步的契机，美国新科技革命由此展开。

图2-1　失业群众在劳务交易市场排队等候

图2-2　1933年芝加哥世博会内场

在经济萧条、政治保守的阴霾下，1933年美国芝加哥世博会如同破晓之光，照亮全球（图2-2、图2-3）。其标志与主题双璧辉映，震撼人心，为纪念城市百年诞辰，更致力于科技的腾飞。经济危机之下，世博会聚焦商业创新与经济发展，科技成为此届盛会的关键角色。巨头企业如通用汽车、克莱斯勒、西尔斯百货等齐聚一堂并打造各自的展馆，共展科技在工业中的辉煌成果。芝加哥世博会首创标志与主题“一个世纪的进步”，寄托

图2-3　1933年芝加哥世博会现场

着人类对美好未来的热切期盼。

“1933年世博会主题和标志同时产生了，主题是世博会的灵魂，海报和标志都围绕主题展开设计。立体主义、未来主义、达达主义、超现实主义等运动在视觉与意识形态方面影响了海报设计。”❶1933年，芝加哥世博会揭开新纪元序幕，电气革命与工业巅峰在此交相辉映，颠覆着人类对未来的憧憬。玛丽·普兹的标志设计，以地球为核心，旋转轨迹如纽带，速度与力量交织，象征着时代的无限拓展与力量迸发。

“玛丽（Marie Poetz）正在寻找一个芝加哥世博会的独特代表物，而且，它还应是一个能被容易复制的图案……旋转的地球设计非常简洁，划出一个较大的弧形轨迹，充满力量地发散开来，表述了地球在百年的历程中以其强大的内在能量向前发展，‘一个世纪的进步’浓缩在这些弧线中，迎接下一次变革，升向更广阔的天空，这个地球图形无疑极具原创性。”❷

1935年，布鲁塞尔刚从经济危机的深渊中挣脱，德国却重燃军备之火，撕毁《凡尔赛条约》，再现一战阴影。欧洲城市如伦敦、巴黎、布鲁塞尔人心惶惶，面对希特勒的强势，各国却怯于直面。和平主义思潮悄然涌现，人们渴望避免战争悲剧。此时，布鲁塞尔世博会如同和平灯塔，不仅展现技术与艺术，更承载了维护和平的重任。世博会以“竞争铸和平”为主题，这一深邃理念如春风拂面，触及了每位参观者的心灵深处。主办方希望各国摆脱军备竞赛的桎梏，转而以技术、经济等和平竞争的途径，携手共绘更加辉煌的未来。布鲁塞尔的和平之声，借由世博会的主题传遍全球，唤醒了人们对和平的渴望与追求。人们开始深刻领悟到，和平并非遥不可及的理想，而是可以通过各国共同努力、携手并进，化为可触可感的现实。“1935年布鲁塞尔世博会的会徽是一个肩负地球的人，造型比较写实。当时欧洲即

❶ 周进，张勇．世博会的商业设计[J]．商场现代化，2008(1)．

❷ 周进．历届世博会会徽设计分析[J]．南京艺术学院学报（美术与设计版），2005(2)：111-112，164．

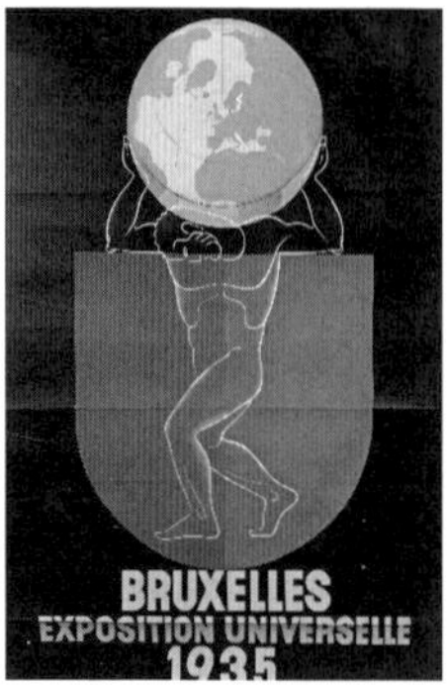

图2-4　1935年布鲁塞尔世博会标志

图2-5　1939年纽约世博会美国总统富兰克林·罗斯福开幕式上致词

将爆发二战，笼罩在一片战争乌云中，会徽显示出不同民族的参展国对和平的共同期望，这也是第一个将人与人的关系提升到与科技同等重要地位的世博会（图2-4）。”❶

纽约世博会在1939年的设计界中占据了重要的位置（图2-5），其标志设计毫无疑问是一次创新性的尝试（图2-6）。将建筑造型直接提炼并融入标志之中，这一策略在当时的设计领域堪称一种革命性的创新。这一标志设计的核心在于其对“建设明日世界与和平”理念的巧妙融合。这一理念不仅成为标志设计的灵魂，更成为一个时代的精神象征，将永载史册。标志的轮廓细致地勾勒出一座“明日之城”的轮廓，高耸入云的尖塔与夸张的球体相互呼应，不仅展示了人类对未来和平世界的热切期盼，更通过建筑元素的运用，深刻体现了设计的象征性和叙事性。

标志设计所运用的元素和手法，正是对当时世博会场馆中心标志性建筑“尖角塔和圆球”的深刻致敬和生动诠释。通过将提炼和再创造的建筑特色融入标志之中，不仅为观众提供了直观的视觉参考，更展现了设计如何与建筑、文化等元素相互融合、相互启发的可能性。

❶ 周进．历届世博会会徽设计研究[J]．南京艺术学院学报，2005(2)．

图2-6　1939年纽约世博会标志

图2-7　世博会博物馆第3展厅“乐观信念”展出的特赖龙和佩里球模型

这种设计手法不仅体现了设计师的深厚学术素养，更为标志设计提供了新的思路和方向。“尖角塔和圆球”由设计师Henry Dreyfus与建筑师Harrison、Fouilhoux共同完成。1939年纽约世博会的主题建筑，他们的方案从1000多幅作品中胜出。“如果说每届世博会的中心建筑都力求具有符号意义，1939年纽约世博会的‘特赖龙’和‘佩里球’（图2-7）可谓是最成功的范例。‘特赖龙’是底边长19米、高188米的正三棱锥，‘佩里球’则是建在喷泉上的正圆球。”[1]这两个白色建筑物，用重量超过了3000吨的钢铁框架配以轻盈的石膏表面，它们被建造在了用花旗松木杆和钢筋混凝土制成的基座上，并且通过世界上最长的电动电梯连接在一起。尖塔与圆球，对比鲜明而和谐统一，成法拉盛公园的地标。其简洁几何形态、深邃思想与昂扬激情并存，为现代派建筑典范，启迪后世艺术。

纽约皇后区法拉盛草地公园中，矗立着“佩里球”与“特赖龙”，二者相映生辉，成为时代之景。“佩里球”直径近55米，与57米高的“特赖龙”尖塔共同构筑了壮丽画卷。这两个名字不仅精准描绘建筑

[1] 世博会博物馆．http://www.expo-museum.cn/sbbwg/n137/n138/n157/n162/u1ai22176.html.

形态，更赋予世博会深厚文化底蕴。1939年纽约世博会标志设计创新成功，建筑造型与主题理念融合，以简洁几何图形展现未来主义“明日世界”（图2-8、图2-9）。然而，“特赖龙”与“佩里球”世博会后遭拆，钢材投入二战，实为文化之殇。

图2-8　正在规划的1939年世博园区

图2-9　1939年纽约世博会鸟瞰图

图2-10 1958年布鲁塞尔世博会标志

1958年布鲁塞尔世博会以“科学、文明和人性”为主题，作为二战后首届世博会，其历史意义尤为特殊。其标志融合了五星与地球元素，以不对称五角形象征五大洲和谐共存，地球则寓意世界多元与和平（图2-10）。弗兰德哥特式建筑风格与悬浮的地球相得益彰，标志中的“58”居于布鲁塞尔市政厅三角形建筑中心，安迪·沃特凯的原子球设计更是令人瞩目。此届世博会不仅是对战争创伤的疗愈，更是人类对文明与和平的深切呼唤。“布鲁塞尔世博会，洛克（Roeck）设计了略有变形的五星代表五大洲，地图、数字‘58’和处于市中心的布鲁塞尔市政大厅剪影呈三角鼎立，会徽的特色在于地图、数字、建筑有机组合，在最早的设计中，整个画面图形以黑白色为主色调，明黄色为背景。”❶

图2-11 1958年布鲁塞尔世博会原子塔

尽管人们正努力从二战后的残垣中重新构建社会秩序，但广岛的蕈状云依然笼罩着人们的心灵，而冷战时期的核武器威胁也始终如一把锋利的剑横在人们头顶。自古以来，原子就一直被视为一种具有强大力量的存在，吸引着世界各地人们的关注和研究。1958年的布鲁塞尔世博会中，由沃特金设计并建造的“原子塔”（图2-11、图2-12）成功地表达出了人们对和平使用核能的热切期望。原计划中的倒立埃菲尔铁塔方案未能在钢铁业中实现，而

❶ 周进．历届世博会会徽设计研究[J]．南京艺术学院学报，2005(2)．

原子塔作为布鲁塞尔世博会的临时建筑，却永久留存，成为比利时标志。若倒立塔成真，今日或难见与埃菲尔铁塔媲美的原子塔之美。布鲁塞尔世博会传递和平发展之理念，其意义在于抚平战争伤痛，彰显人文关怀与和平共处的价值。“在核子反应中，铁是重元素裂变和轻元素聚变的共同终止点。纯铁在912℃时，微观空间结构是9个铁原子组成的‘体心立方晶格’。”[1]这是来自沃特金对大自然设计方案的启发所产生的创意——“原子塔”的诞生。这个壮观的大型结构是基于对铁原子微小粒子的模拟构建而成的，其放大的比例达到了惊人的1650万亿次方！由9颗巨大的、每个都长达18米且呈立柱状的水泥铸造物组成，这些水泥制品象征着构成单质铁的基本单位：即那神秘莫测又不可或缺的“铁”分子；它们之间以长度为3米的高强度钢铁管道连接起来并且配有升降机设备，以便于人们能够轻松地进入和离开这片区域，就像是在观察那些神奇无比却无处不在的小小的“铁离子”；当夜幕低垂时分，整个建筑群都会被点亮并发出如同电离层中飘浮游荡的光点一般璀璨夺目的光芒。

图2-12　世博会博物馆第3展厅“乐观信念”展出的原子塔模型

❶ 世博会博物馆. http：//www. expo-museum. cn/sbbwg/n137/n138/n157/n163/ulai22176. html.

图2-13 1962年西雅图世博会标志

1962年西雅图世博会深刻体现了科幻色彩，标志以“太空针”为造型，彰显超现实主义风格，反映人类对征服外星球、掌控太空的渴望。在美苏太空竞赛背景下，该标志映射出太空探索的坚定步伐，并体现美国对21世纪生活的憧憬（图2-13）。该标志设计广受欢迎，不仅为世博会带来400万美元收入，更赢得了“21世纪世博会”的美誉，预示人类正迈向征服太空的未来。

（二）世博会标志设计发展阶段

20世纪60年代，美国波普艺术风潮席卷全球，与之并行的是后现代主义、结构主义以及新现代主义（国际主义）等多元艺术流派竞相绽放，这些风格各异的艺术表现形式在社会的各个层面留下了深刻的印记。在此背景下，世博会的设计亦展现出前所未有的繁荣与多样性，其标志设计更是进入了飞速发展的黄金时期。与此同时，绿色设计的概念在20世纪60年代由维克多·帕帕奈克（Victor Papanek）[1]提出，这一理念的提出是对工业革命后大规模生产模式下环境破坏的深刻反思。人们开始意识到，在追求经济快速发展的同时，不应忽视环境承载力与地球生态平衡的重要性。绿色设计理念的提出，不仅是对未来可持续发展模式的探索，更是对人类与自然和谐共生理念的呼唤。在这一时期，视觉形象设计在欧美国家趋于成熟，设计师对于标

[1] 维克多·帕帕奈克(Victor Papanek)，二战后美国最重要的设计师、设计理论家、设计教育家之一。帕帕奈克勤于著述，他最重要的著作包括《为真实的世界设计》《为人的尺度设计》和《绿色律令》。他提出了一种新的观点来理解设计的目标，一种关于设计道德的新理念，也就是设计应服务于大众。为了人民的福祉，设计不仅要满足健康需求，也应该考虑到残障人士的需求。同时，还必须认真思考如何有效利用地球上的资源，以保护我们所居住的环境。帕帕奈克对绿色设计思潮产生了直接影响，是现代设计的目的性理论的起点。

志设计的形象塑造也更为精准和深入。他们运用丰富的设计语言，将不同文化、不同理念融入标志之中，使其既具有视觉冲击力，又富有深刻的内涵。这种设计风格的转变，不仅提升了标志设计的艺术性，也为其赋予了更为丰富的文化意义和社会价值。

1967年蒙特利尔世博会聚焦“人类与世界”这一主题，其标志由杰出设计师朱利安·赫伯特操刀。赫伯特（图2-14）身为视觉传达设计师与美术指导，其作品在多领域均有卓越表现，荣获全球赞誉，并有逾20件作品被魁北克国家艺术博物馆永久收藏。标志核心元素为人形符号，象征友谊的纽带，通过圆形重复排列，隐喻全球友谊的紧密相连。其构图展示了16个人，两两一组，手拉手围成圆圈，宛如孩童游戏，实则寓意不同国度的人们携手共建地球家园（图2-15）。图案蕴含科技、创新、进步之意，体现未来主义精神，与当时科技发展与现代化趋势相契合。此标志设计简洁而易于辨识，于大型活动中尤为关键。其成功传达了1967年蒙特利尔世博会的视觉形象，并首次将“expo”融入世博会标志中，为后续世博会标志设计树立了规范（图2-16、图2-17）。

1970年日本大阪世博会以“人类的进步与协调”为主题，标志设计出自日本杰出平面设计师福田繁雄之手，呈现出简洁而充满活力的美学特征。标志以五个圆形花瓣为核心元素，这些花瓣巧妙地运用了“负形”设计手法，排列成日本“国花”樱花的形态。五个圆形花瓣不仅象征着世界的五大洲，更通过其独特的缺角设计，与中心的小圆形（代表日本）相互呼应，形成了一种向外发散的动态视觉效果（图2-18）。标志设计创意将地理概念与文化象征相结合，寓意着五大洲的人民齐聚一堂，共同参与大阪世博会，展现人类文明的进步与和谐。同时，该标志的设计也体现了福田繁雄对空间与形态的独特理解，以及他对于传统文化与现代设计的巧妙融合。当时世博会的日本馆设计也深受这一标志的启发，采用了五栋建筑组成樱花的形状，与标志形成了完美的呼应。这一设计不仅增强了世博会的整体视觉效果，也进一步强调了“人类的进步与协调”的主题思想。（图2-19）。

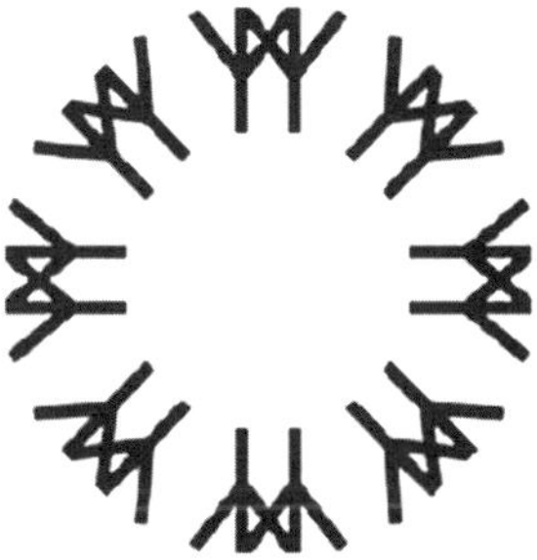

图2-14　加拿大知名设计师Julien Hébert（朱利安 · 赫伯特）

图2-15　1967年蒙特利尔世博会标志

图2-16　1967年加拿大蒙特利尔世博会

图2-17　1967年加拿大蒙特利尔世博会

2-14	2-15
2-16	2-17

图2-18　1970年日本大阪世博会标志

图2-19　1970年日本大阪世博会的日本馆

图2-20 1974年美国斯波坎世博会标志

与1967年蒙特利尔世博会围绕地球的和睦共处的意义相近。因世界各地频发由于环境造成的灾难性事件，终于让人类反思工业发展出现的大规模污染和对自然的侵害，以及对人类文明将会造成的问题，终于在1970年开展了一场题为“地球日”的环保活动。在“地球日”运动的影响下，1972年，联合国在斯德哥尔摩召开第一次全球人类环境会议，通过了《人类环境宣言》。这一系列事件引起了人类对环境污染问题的关注，1974年世博会也将目光转向了环境问题上。

1974年，美国斯波坎市以环境为主题的世博会，不仅标志着美国自加入国际展览局（BIE）后的重大里程碑，更成为人类社会对环保议题深度关注的起点。此次世博会的标志，由著名艺术家Harold Balazs与杰出设计师Bob Rogers携手创作（图2-20），凝聚了他们对环境可持续性的深刻理解和艺术表达的精湛技艺。Harold Balazs，作为以大型抽象金属雕塑享誉业界的艺术家，其作品遍布美国西北部，以公共艺术装置的形式为公众带来震撼的视觉体验。他的创作不仅涵盖了雕塑、绘画等多个艺术领域，更以其抽象的形式和深邃的内涵，探讨了人与自然、艺术与环境之间的和谐共生。

此次世博会的标识以孟巴斯（mobius）的循环形状为主要元素，象征着生命力。环境的持续发展与永恒循环息息相关。设计灵感来源于德国数学家兼天文学家August Ferdinand M bius的理论，巧妙地将科学、艺术与环保理念融为一体。这个标志是由蓝、绿、白三种颜色相互交融形成的，每一种颜色都蕴含着深远的象征性意义：白色象征着清新的空气，蓝色象征着深邃明亮的海洋，而绿色则代表了充满活力的地球和大自然。标志设计不仅传达了世博会倡导的无污染进步理念，更彰显了人类对维护生态平衡与和谐共生的不懈追求。

1974年斯波坎世博会（图2-21）开始，人们的关注焦点逐渐从形

图2-21　1974年美国斯波坎世博会标志

式、机械化生产、城市化建设等转移到如何更好地利用资源、如何在减少污染的前提下实现可持续发展。这一转变不仅体现了人类对于环境问题的深刻认识，也为后续的环境保护运动和国际合作奠定了坚实的基础。

1975年，日本冲绳世博会主题是“海洋-未来的希望”。这一时期，全球的社会经济、科学文化都在经历着前所未有的快速变革。作为希望的使者，这届世博会的主题被定为“海洋——充满希望的未来”。回到20世纪70年代初，全球正经历着第一次石油危机的冲击，能源价格飙升，经济出现衰退。在这样的背景下，各国政府和社会开始深刻反思，将目光投向了能源效率、环境保护以及可持续发展等议题。对于资源相对贫乏的日本来说，如何在全球能源危机的阴影下维持并推动经济增长，无疑是一个巨大的挑战。

图2-22　1975年日本冲绳世博会标志

在本届世博会上，焦点聚焦于人类赖以生存的海洋，其标志（图2-22）呈现为一个蓝色基调的圆形，内部巧妙地以三个海浪的形态作为负形，整体造型简洁明快，直观地传达了海洋这一核心主题。蓝色作为标志的主色调，不仅象征着清澈的大海，更寄托了日本对冲绳乃至全球海洋生态拥有更加光明未来的殷切期望。通过对外来文化的吸收与深思熟虑，日本设计师在保持本土特色的基础上，创新地融合了国际设计理念，形成了独具日本特色的设计风格。这一标志造型带给人的是浪漫、自由、健康的情感共鸣，它象征着日本在科技创新与国际合作的双重驱动下，积极探索应对能源危机、推动可持续发展的新道路。

在充满活力的20世纪70年代，日本设计界在汲取国际先进设计理念的同时，亦深入挖掘和传承了日本传统美学的精髓，形成了一种既简洁又具有功能性的设计风格。他们追求设计与自然的和谐共生，使每一个作品都洋溢着蓬勃的生命力。在标志设计中，海洋、海浪元素的融入不仅凸显了人类与海洋之间的紧密联系，更表达了日本乃至全球对海洋环境保护的深切关怀。正负图形的结合与色彩的巧妙搭配，使这一标志更加引人注目，有效地传达了博览会的主题与精神，即呼吁全球共同努力，保护海洋生态，实现可持续发展。

20世纪70年代，美国遭遇石油危机，能源议题遂成国策焦点。1982年诺克斯维尔世博会聚焦“能源：世界的原动力”，汇聚业界巨头与研发先锋，共绘能源未来蓝图。科技氛围浓厚，为诺克斯维尔经济注入新活力。标志性建筑“太阳球”集餐饮、娱乐、购物于一体，展现美国热情与活力，焕发小城新貌（图2-23）。

图2-23　1982年美国诺克斯维尔世博会标志建筑“太阳球”

图2-24 1982年美国诺克斯维尔世博会标志

1982年的诺克斯维尔世博会标志（图2-24）以一个燃烧的圆形火焰为主体，表达了能源作为全球发展的核心动力的概念。

火焰形态动感十足，视觉冲击力显著，迅速吸引观众目光。标志采用正红色调，热烈奔放，紧密贴合能源主题。暖色调的选用使其在视觉上更为醒目，成为世博会的鲜明象征。该设计不仅精准捕捉能源主题的精髓，更展现出卓越的艺术审美和视觉表现力，与主题相得益彰。

在新奥尔良世博会上将“水是生命的根基”这一观点作为主题，强调了水的珍贵性及其对于人类生活的关键作用。展览汇聚各国水资源利用与保护成果，深化公众对水资源珍贵性的认识。标志以流动水波为核心，直观呼应主题，彰显水作为生命之源的核心价值。水波设计既展现水的动态美，又象征生命之不息流动。标志以蓝色调为主，贴切体现河流特色，与主题主旨高度契合。

1986年温哥华世博会（图2-25）以“世界在运动，世界在交流”为主题，聚焦人类社会的两大核心动力。世博会集中展示了交通与通信领域的显著进步，特别是从古代到现代的交通工具和通信技术的演变。展览不仅彰显了交通方式的多样性，还体现了人类在交通技术上的持续创新与突破。同时，通信技术的演进也体现了人类信息传递方

图2-25 1986年加拿大温哥华世博会

式的巨大变革。

温哥华世博会标志设计（图2-26）由三个交织的圆环构成，分别象征土地、空气与水分，这三者共同支撑人类生存。一条对角线则寓意着人类为实现社会进步所付出的不懈努力。该设计不仅巧妙构成“86”字样以纪念盛会，更深刻揭示了人类与自然、努力与进步之间的紧密联系。它展示了人类通过不懈的努力和创新，推动世界进步，实现与地球和谐共生的愿景。交通与通讯的发展在这一过程中扮演了关键角色，促进了人类文明的进步与文化交流。

图2-26　1986年加拿大温哥华世博会标志

世博会标志设计的发展阶段从早期的插图等元素的标志探索到图形符合和视觉设计语言的结合，围绕主题展开更多的标志尝试，也为后来的世博会标志设计走向成熟打下了基础。

（三）世博会标志设计成熟阶段

20世纪90年代，社会发展如历经沧桑者般，趋于成熟。1991年苏联解体对国际政治带来了深远影响，亦给在艺术界带来深刻影响。设计师们寻求突破，形式追求已显苍白，“可持续发展”成为新向往与设计探索的焦点。形式让位于功能，结构、材料、工艺的革新与循环利用成为时代设计之共识。1992年，正值大航海时代500周年纪念，西班牙塞维利亚与意大利热那亚共襄盛举，举办世博会。塞维利亚世博会（图2-27）以“发现的时代”为主题，其标志巧妙融合“EXPO”“92”及“SEVILLA”，其中“O”化作地球，彰显功能与艺术之和谐。皇家馆回溯1492年的文化艺术风貌，同时聚焦航海技术革新与未来展望，涵盖地理发现、海洋生物研究、环境保护等领域。此届标志设计遵循现代标准化规范，注重实用性与功能性，减少冗余装饰，强调内容之核心。图形创意与构图精妙结合，球形与“O”相得

图2-27　1992年塞维利亚世博会

图2-28　1992年塞维利亚世博会标志应用

图2-29　1992年热那亚世博会

益彰，既提升可读性又强化信息传递。标志的灵活性使其在不同场合下均能保持最佳视觉效果（图2-28）。热那亚世博会（图2-29）标志则以“哥伦布——船与海”为主题，展现功能主义设计。数字“500”变形为帆船，置于波涛之上，既纪念哥伦布发现新大陆，又象征航海技术的进步与人类对海洋的永恒探索。

图2-30　1993年韩国大田世博会

1993年，大韩民国在大田（Taejon）举办了一次专门世博会（图2-30），此举意在庆祝1893年芝加哥世博会上韩国馆首次亮相的100周年历史。这次博览会以“挑战新发展道路”为主题，意在回顾和展示韩国过去所取得的辉煌成就，同时，也期望通过集结国民的智慧与力量，共同开创更加美好的未来。此外，博览会的副题还涵盖了“传统技术与现代科学的融合”以及“资源的高效与循环利用”，这些主题都体现了韩国对于科技进步、自然与人类和谐共生的深刻理解和追求，展示了科技如何为我们的生活增添更多色彩与可能。

“1993年韩国大田博览会标志采用了太极符号的变化图形（图2-31），如同传统的韩国民族舞蹈，鲜明的气势与‘新的起飞之路’主题密切呼应，凝聚着国家与人民的信心，昭示着韩国民族腾飞的梦想，设计师将太极符号的变化图形作为标志的主体，具有鲜明的民族特色。”[1]例如，表演传统韩国舞蹈时展现的跳跃姿态和大会“起飞之路”的主旨相互呼应。它的颜色和形状都非常深刻，深植于民族文化之中，充满热情与神秘魅力。在这一视觉盛宴背后，不仅体现了一个国家的坚定信念与雄厚实力，更凝聚了一个民族昂首奋进的磅礴力

❶ 周进．历届世博会会徽设计分析[J]．南京艺术学院学报（美术与设计版），2005（2）：111-112，164．

图2-31　1993年韩国大田世博会标志

量。本届世博会作为首个在发展中国家举办的、获国际展览局认可的专题世博会，其标志设计构思独特且寓意深远。以韩国国旗“太极旗”为灵感，太极象征宇宙之始，蓝色代表阴柔，红色象征阳刚，二者交织共构世间万象。作为世博新贵，韩国首次举办世界性博览会，彰显了其新兴活力与巨大潜力。时值韩国经济高速增长期，特别是在制造业与出口领域，科技进步日新月异，尤以电子与汽车行业为翘楚。在设计领域，韩国传统文化与现代设计元素相互融合，孕育出别具一格的“韩式”设计风格。

1998年里斯本世博会以“海洋：未来的遗产”为主题，重申葡萄牙愿意采取积极行动，有利于海洋及其资源的管理，同时也成为里斯本东部海滨振兴的动力。1998年里斯本世博会于1994年6月8日获国际展览局认可，作为葡萄牙纪念瓦斯科·达·伽马抵达印度500周年的里程碑活动（图2-32）。世博会标志设计以“E”字母为原型，变形为波澜起伏的形态，巧妙隐喻海洋的辽阔与深邃。旭日寓含希望与光明，预示着海洋作为未来资源宝库的无尽潜力。整个

图2-32　1998年里斯本世博会

设计紧扣“海洋，未来的财富”主题，传达出深刻内涵。标志下方“EXPO‘98’”字样清晰标明举办年份，而“LISBOA”则精准标识举办地点，使得标志信息传达既清晰又准确（图2-33）。

图2-33　1998年里斯本世博会标志

科技飞速发展的2000年，全球目光聚焦于德国汉诺威，那里正在举办一场规模宏大的世博会。德国，作为欧洲的科技中心之一，深厚的工业底蕴和前瞻的科技视野，为这一届世博会注入了丰富的内涵和活力。此次世博会不仅展示了德国在工业、能源、环保等领域的最新科技成果，更是对未来可持续发展理念的深度探讨和实践。

“2000年汉诺威世博会，勾勒出我们在跨入新世纪门槛之际的一个巨大挑战：人类、自然、科技三者之间，要达成一种可持续发展的稳定关系。实用性与乌托邦、科学性与想象力、消遣性与欢快感，我们要在人类自身的资源中建立起有效的连接，2000年世博会将展示此种连接。”[1]随着竞技场、礼堂等新设施的建设以及将未使用的建筑改造为音乐厅，这些改进有利于树立汉诺威的形象，并提高了该地区的经济增长和旅游业的经营能力。在世博会场地附近，克朗斯贝格生态区的建设是该市发展项目和社会政策的重要组成部分。德国设计师Michael Gais（图2-34），QWER设计工作室的创作总监，也是2000年德国汉诺威世博会标志设计者，Michael Gais在设计汉诺威世博会整体形象时将可持续发展的哲学思考和革新理念有效地融合在一起，“我们希望标志不是一副具体的图案，对于世博会这样纷繁复杂的盛会而言，任何一幅图画都显得单调，我们开始寻找合适的图案与形象，进行视觉形象调查，希望能体现2000年世博会的主题与概念，例

[1] 李德庚．欧洲设计现在时[M]．北京：中国青年出版社，2004．

如：能源、共鸣、信号、过程、能量、互动、美景等。”[1]

三维波纹标志设计独特，巧妙融合了科技力量与自然韵律（图2-35），展现出活力与运动，这一元素象征着持续不断的能量流，与2000年世博会追求运动持续、思维敏锐及创新精神的核心理念高度一致。其精髓被精准概括为“impulse”（活力），旨在赋予参观者无限自由，同时彰显生命蓬勃与生物多样性之美。此外，该标志亦象征着人类、自然与科技间和谐共生的互动关系，强调和谐共生的价值。其独特的空间感、立体感、纵深感及时代感为观者带来强烈的视觉冲击，深化了标志的识别与记忆，提升了其影响力。这一设计不仅反映了信息时代的高效与动感，更展现了个性化、差异化的时代精神。“在设计中，利用电脑软件制作的各种具有三维空间感和肌理感的标志，达到了标志设计具备的差异性特征，满足了现代社会设计主体多样性的要求。在高科技，如IT行业的标志设计中被广泛运用。”[2]在全球环保意识不断增强的历史脉络中，汉诺威世博会的举办恰逢其时。自20世纪70年代起，人与自然和谐共生的理念再度兴起，并在世博会舞台上得到了鲜明体现。1992年联合国环境与发展大会进一步将

图2-34　2000年汉诺威世博会标志设计者 Michael Gais

图2-35　2000年汉诺威世博会标志

[1] 2007年德国设计大师Michael Gais在复旦大学上海视觉艺术学院的演讲。

[2] 王兰珍，高聪蕊．标志设计[M]．南京：江苏美术出版社，2018．

“可持续发展”提升至国际共识的高度，成为全球共谋的目标。在此背景下，汉诺威世博会紧扣“人·自然·技术：展示一个全新的世界”这一主题，深刻阐述了人类、自然与技术间和谐共融的核心理念。

2005年世博会在日本爱知县举办，主题“自然的智慧”基于1997年《京都议定书》，旨在减少温室气体排放。“自然的智慧”也呼应和体现了1994年国际展览局大会通过的决议，该决议规定了21世纪世博会的主题要体现“对自然环境的必要保护”的要求。该主题分为三个子主题：自然矩阵、生活的艺术、生态社区发展。爱知世博会设计团队深度诠释了“自然的智慧”这一核心主题，将其凝练为三大子主题：自然矩阵、生活的艺术及生态社区发展。这三者相辅相成，共同铸就了世博会的精髓。自然矩阵聚焦于环境保护与可持续发展，生活的艺术则展现了人类与自然和谐共存的理想生活状态，而生态社区发展则是对未来城市蓝图的前瞻性探索。这些理念不仅指导了世博会的整体规划设计，更深刻影响了各参展国家和地区的设计构思。

爱知世博会标志设计（图2-36）紧密融合日本文化特色，特别体现在对资源节约与循环利用的极致追求上。例如，无法保留的树木被精心砍伐，其木材转化为长达2.6公里的全球环路，彰显了资源的高效利用与环境的和谐统一。此外，各展馆均采用了环保材料和节能技术，致力于打造绿色、可持续的未来愿景。在展示内容上，爱知世博会也充分展现了“自然的智慧”，通过多元展览与互动体验，使参观者深刻领悟自然的力量与智慧，以及人与自然和谐共生的重大意义。据国际博览局报道：“世博园内的所有建设和管理运营均基于3R原则：减少、再利用和回收；使用了一系列有利于可持续发展的新技术，包括多式联运智能交通系统和连接长久手站点和濑户站点的混合动力公交车。从巨大的激光投影屏幕到自主太阳能生产

图2-36　2005年日本爱知世博会标志

图2-37　2005年世博会标志设计师大贯卓也

图2-38　2005年世博会胶带设计读点设计

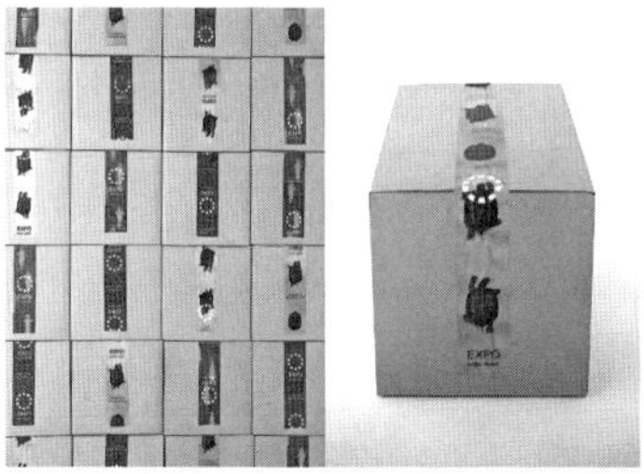

图2-39　2005年世博会胶带设计读点设计

系统，世博会上展示的不同创新都旨在提高生活质量，同时尊重环境。参观者还可以见到大量的机器人——讲不同的语言、清洁或监控场地、提供娱乐、陪伴老年人或播放音乐。”[1]无论是大型多媒体浮雕墙展现的现代城市发展历程，还是利用现代影像投放技术展示的自然景象，都让人深刻体验到自然的美丽和神奇。

2005年爱知世博会的标志由日本设计师大贯卓也设计（图2-37），是一个由绿色粗点线构成的圆形，它能唤起人们的注意并将标志分散在森林照片中会暗示人们多注意森林中的各种生物，而将它放在任何地方，它都能够起到提醒大家并引起注意的视觉效果。标志的圆形设计也具有一定的象征意义。圆形代表着完整、和谐和无限循环，这与“自然的智慧”这一主题中的生态平衡和可持续发展理念相契合。同时，圆形也给人一种包容和温暖的感觉，寓意着人类与自然之间应该建立一种和谐共生的关系。这一届标志的应用得到了广泛的传播，并运用于原研哉设计的世博会的胶带上（图2-38、图2-39）。

2010年上海世博会设计理念与实现策略均展现了深厚的学术积淀与前瞻性思维。作为中国首届世博会，其在整体布局与建筑形态上彰显了卓越的设计水准，并深刻体现了

---

❶ 国际博览局．http://bie-paris．org/site/en/2005-aichi．

中国传统文化中和谐共生的哲学思想。国家馆的设计巧妙融合了传统中国建筑文化元素与现代设计的简约大气，这种古今交融的风格既是对传统文化的尊重与传承，也是对现代设计创新与发展的展现（图2-40、图2-41）。在细节处理上，地区馆外墙的“叠篆文字”设计不仅稳固了基座，更为城市公共活动空间注入了独特的文化韵味。这一设计兼具装饰性与文化内涵，完美体现了设计的实用性与审美性的和谐统一。在空间设计方面，上海世博会亦展现出独到的匠心。架空升起的国家馆不仅为城市广场空间提供了连续的交流与互动平台，更成为展现城市活力与魅力的重要窗口。此外，垂直街道的设计巧妙

图2-40 2010年上海世博会中国馆

图2-41 2010年上海世博会

图2-42 2010年上海世博会标志

地将观众的竖向活动紧密相连，这种创新的空间设计实践为未来城市规划和建筑设计提供了宝贵的经验。上海世博会在绿色设计领域也进行了积极的探索。众多展馆采用了环保材料与节能技术，展现了对可持续发展的深刻理解与坚定承诺。绿色设计理念的实践不仅有助于减少环境污染与能源消耗，更为全球环保事业贡献了积极力量。

2010年的上海世博会标志（图2-42）是江苏盐城的设计师邵宏庚设计的作品。周进指出：“2010年上海世博会主题具有新意，它在世博会历史上首次以“城市”为出发点，反映出时代特征，会徽图案以意象的三口之家组成汉字“世”，并与数字“2010”进行组合，表达了中国人观念下的家庭是城市的基本单位，追求家庭的和谐、人与人的和谐、人与自然的和谐、过去与未来的和谐就能实现美好生活的理想，设计者认为汉字本身兼具有民族特色，同时与世界多元文化融合。”[1] 2010年上海世博会标志巧妙地融合了传统与现代、东方与西方的设计元素，深刻传递了世博会的核心理念。该标志以汉字“世”为设计基石，与数字“2010”和谐交织，构建了一幅动态且充满活力的视觉图案，既彰显了中国文化的深厚底蕴，又富有现代气息，与世博会的现代化、国际化形象交相辉映。色彩选择上，标志以绿色为主调，象征着生命活力与环保可持续，体现了对未来发展的殷切期望。绿色不仅呼应了世博会展望未来的主题，还以其强烈的视觉冲击力，提升了标志的辨识度。设计理念上，标志深刻体现了以人为本的精神，寓意着全球人民的和谐共处与对未来的共同追求，与世博会团结和谐的核心理念相契合。

❶ 周进．历届世博会会徽设计分析[J]．南京艺术学院学报（美术与设计版），2005（2）：111-112，164．

图2-43 2015年意大利米兰世博会

2015年意大利米兰世博会（图2-43）以“滋养地球，生命能源”为主题，深刻呼应了现代社会面临的粮食生产、健康饮食、人口增长、资源节约与有效利用等多重挑战。其下设的七个子主题——食品安全与质量科学、农产品供应链创新、农业与生物多样性技术、饮食教育、粮食领域团结合作、食物引领生活方式革新以及世界文化与民族食物多样性——全面覆盖了食物与农业的科学、技术、教育及文化层面。这些主题旨在通过世博会这一国际交流平台，促进全球范围内的深度合作与知识共享，共同探索解决粮食与农业问题的有效路径。中国在此次世博会中积极参与，不仅实现了海外自建场馆的历史性突破，更通过“希望的田野，生命的源泉”这一主题，充分展示了中国在农业、食品领域的创新成就与对可持续发展的不懈追求。

2015年意大利米兰世博会的标志设计（图2-44），出自杰出设计师Andrea Puppa（图2-45）之手，是一次富有创新力和表现力的探索。其设计理念紧密贴合“滋养地球，生命能源”的世博主题，旨在唤起全球对食品和能源问题的深切关注，并激发创新解决方案的探索。标志的色彩运用独具匠心，多元色彩象征着不同领域的知识与力量。通过色彩的巧妙组合、叠透与对比，营造出独特的视觉体验，不仅展现了艺术美感，更激发人们的共鸣与深思，有效传达了世博会的

图2-44 2015年意大利米兰世博会标志

图2-45 2015年意大利米兰世博会标志设计师 Andrea Puppa

主题与核心理念。

该设计不仅符合现代审美趋势，还具备高度的适应性和通用性，能够满足不同媒介和场景下的应用需求，确保标志在各种环境下的视觉呈现效果，展现了设计师对未来趋势的敏锐洞察力和卓越的设计能力。

2020年迪拜世博会的核心理念“沟通思想，创造未来”，致力于打造一个促进全球交流、推动合作共进的卓越舞台。在此平台上，“机遇”着重于释放个人与社区的内在潜力，塑造面向未来的新产业、就业、教育和金融资本等领域；“移动性”聚焦于创造智能、高效的商品、人员和思想流通，涵盖物流、运输、旅行探索、个人移动性和数字连接等主题；“可持续性”则强调与自然环境和谐共存，关注资源利用、气候变化、绿色增长、生态系统与生物多样性保护，以及可持续城市与栖息地的构建。

迪拜世博会的标志设计精妙地传达了主题精神，同时融入了丰富的文化意蕴和视觉美感，成为展现世博会理念与愿景的重要视觉符号。设计灵感来自一枚在马蒙沙漠萨鲁克·哈迪德遗址出土的金戒指(图2-46)。考古学家们在该遗址发现了大量黄金首饰和手工金属制品，考古学家们猜测这里曾是阿拉伯半岛的贸易和冶金中心，文物揭示铁器时代（即公元前1200年到公元前500年的阿拉伯文明时期）的社会面貌，也证明了迪拜曾与美索不达米亚、伊朗和印度河谷等一些伟大的古代文明存在贸易联系。该戒指是迪拜铁器时代的重大发现，作为该遗址的珍贵出土文物，这枚精致的金指环不仅彰显了人类在黄金加工与利用方面的卓越智慧与科学造诣，更深刻契合了2020年迪拜世博会“联结思想，创造未来”的主旨，展现了人类智慧与创造力的无限可能。据传闻此遗址被一位名叫谢赫·穆罕默德·本·拉希德·阿勒马克图姆的人所发掘——他是阿拉伯联合酋长国副总统兼总理，也是迪拜酋长，他在一次飞行中无意间发现了这个地方，当他的视线投向地面的时候，看到了那些形状奇特且并不规律的水波纹状图案出现在这片荒漠之上，由此发现了该遗址。

从设计的视觉表达维度审视，迪拜世博会标志运用简洁明快的线条与图形，以圆环中心向外辐射的构成方式精妙地诠释了世博会“联通、变通与力量”的核心主题。此设计不仅契合现代审美风尚，更精准地传达了世博会的精神实质（图2-47）。色彩选择亦考究，金色既凸显了金戒指的珍稀与独特，又与迪拜的城市形象相得益彰。此标志不仅凝聚了迪拜的历史与文化精髓，更展现了人类文明的多元与包

图2-46　萨鲁克·哈迪德遗址中出土的金戒指

EXPO 2020 DUBAI UAE

图2-47　2020年迪拜世博会标志

图2-48　2025年日本大阪世博会标志

容。世博会以此为平台，旨在推动全球交流与合作，共创更加美好的未来。

2025年大阪关西世博会主题“为我们的生活设计未来社会”，核心概念“人们的生活实验室”是对世博会主题的具体化与深化，为项目的实际操作提供了明确的指导方向。在世博会正式开幕之前，即已启动了一系列先导活动。这些活动汇聚了多元化的参与者，他们共同提出各种创新性的倡议和解决方案，以应对当前社会所面临的挑战。受新冠疫情影响，世界面临国家和人民交往碎片化、环境和社会制度需要重构、价值观和生活方式发生变化等新挑战。这些情况需要汇集全世界的智慧，找到快速解决方案。2025年日本大阪世博会标志（图2-48）的面世引起了很多议论，引发了许多人的关注。有人说像“长了眼睛的一串细胞”，有人说像“妖怪的残骸”，但也有人觉得是一件不错的艺术作品，遭受非议很正常。在审视2025年大阪关西世博会的主题“为我们的生活设计未来社会”时，我们深刻认识到采取积极行动以响应这一时代使命的紧迫性。国际社会为实现2030年可持续发展目标所付出的努力，与世博会所承载的推动社会进步、引领未来发展的愿景高度契合，共同构筑了人类面向未来的坚定步伐。

2025年大阪世博会的标识设计引发了广泛的讨论和质疑，其中红色五眼代表着对1970年同样在此举办的世界博览会的延续，而通过跳动的细胞形状展现出了生命活力和紧密联合的精神。然而，该标识并未得到一致好评。虽然它拥有传统的审美价值，但正因为其不稳定、无序和冲突的特性，使人能够体验到视觉的张力和跃动的感觉，反倒让人印象深刻。大阪本土的设计团队“TEAM INARI”汲取了1970年大阪世博会徽标“五瓣樱花”的灵感，巧妙地将不规则的“细胞”元素融入2025年大阪世博会标志的设计中。这些“细胞”元素既象征着生命个体的无限可能，也象征着对前届世博会精神的继承与发扬。著名建筑设计师安藤忠雄盛赞该设计独特且充满幽默感，不规则的造型为设计带来了新颖而深刻的解读。

该标志以“生命之光”为主题，通过不同大小的红色圆和椭圆展现生命的光彩与每个生命个体的可能性。同时，该设计继承了1970年大阪世博会的精髓，并通过四张图片展现了其进化与演变（图2-49）。这一设计以“生命的循环”为概念，预示了无限的应用前景。该视觉形象设计将广泛应用于活动官网、宣传媒体、商品包装等，旨在建立2025大阪世博会的品牌形象。其最小单位“ID”象征着生命个体，从细胞状态开始，经过成长，最终进化成多种形态（图2-50）。而代表共创未来社会的“GROUP”则由不同形态的“ID”组成，象征着不同人群的相遇、交流与合作，共同迈向美好的未来。此外，“WORLD”设计还涵盖了生命（Inochi）、海洋（Umi）、野山（Noyama）和光（Hikari）

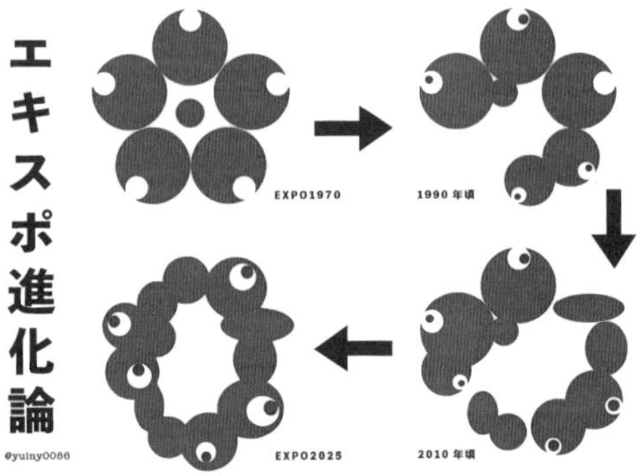

图2-49　1970年大阪标志演化为2025年标志

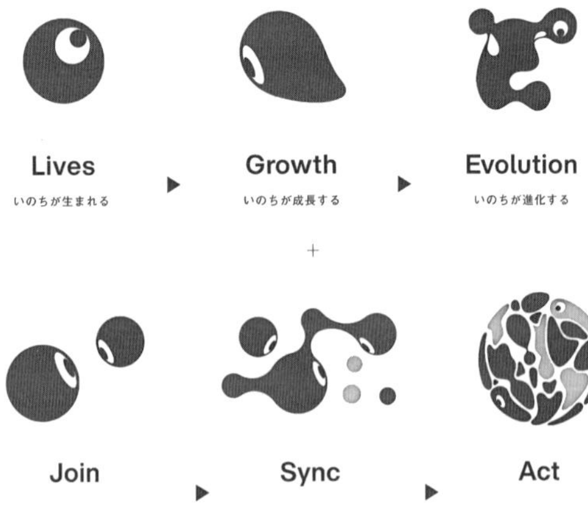

图2-50　2025年大阪世博会标志元素演示

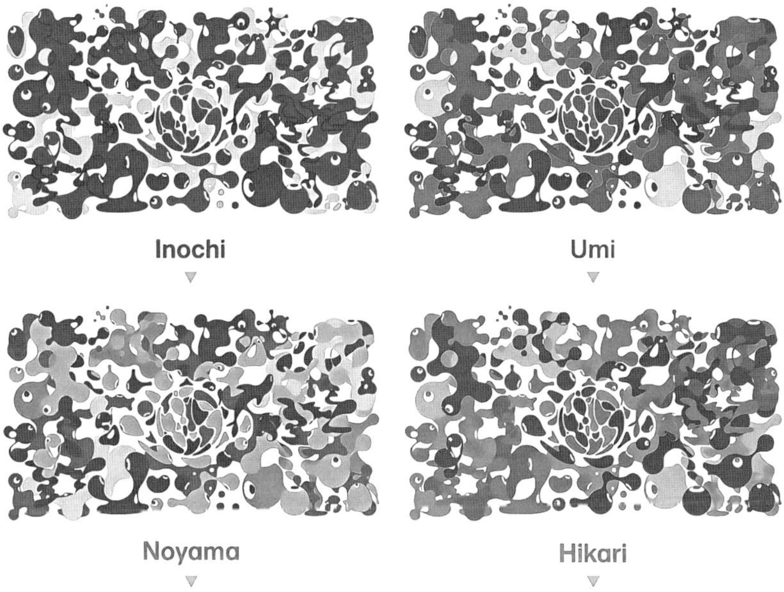

图2-51　2025年大阪世博会标志的延伸

四个情景元素，展现了大阪及关西地区的多元文化和自然景观（图2-51）。

历届世博会标志都承载着丰富的文化意蕴与深远的历史价值，它们是设计师运用卓越的视觉传达设计技艺对世博会主题、宗旨及理念的精髓提炼与艺术化表达的杰出成果。自诞生之日起，这些标志便作为世博会的文化符号，精准地传达了世博会的核心精神。作为世博会视觉形象设计的典范，这些标志不仅具有强大的视觉冲击力，更具备显著的宣传效果。随着世博会理念的深化、设计艺术的精进和公众认知的增强，世博会标志设计不断趋向成熟与完善。在形式上，这些标志经历了由复杂图形向简约几何的转变，色彩则由单一渐变为丰富多彩，这些变化不仅展示了设计领域的进步，更深刻地反映了设计师对世博精神内涵的深刻理解与独到见解。标志作为世博会不可或缺的关键元素，将继续承担起传播多元文化、展现人类文明的崇高使命。

二、世博会标志设计的表现形式

世博会标志设计首先从形态上考虑表达主题的含义。“标志是文化的符号，它是将观念赋予形象、将意义注入形式的结果。”[1]标志与主题之间呈现出紧密的共生关系，标志作为主题的诠释者，深入揭示其内核；而主题则作为标志设计的灵魂，为其提供明确的导向与灵感（图2-52）。世博会标志设计最鲜明的特质在于其形态与色彩均紧密围绕主题展开，形成高度的呼应与统一。要深入理解并总结世博会标志设计的精髓，需对其形态构成、色彩运用、主题表现及设计风格等方面进行全面且细致的分析与探讨。

（一）图形设计的表现形式

世博会标志的图形设计表现方式可以分为图形标志和文字标志两大类。图形标志又可分成具象图形标志和抽象图形标志两大部分。

1. 具象图形标志

具象图形设计基于对自然界与客观实体的深入理解、精准归纳与高度概括，旨在提炼并突出事物的核心特征。此类图形标志不仅源于生活，更通过提炼与升华，超越了客观存在的形态，从而赋予受众深刻且独特的视觉印象。其高度的识别性与记忆性确保了信息传达的迅速与有效。历届世博会标志中，1933年、1935年、1958年、1960年、1962年、1964年、1967年、1970年、1975年、2005年都属于具象图形标志。

1933年芝加哥世博会以“一个世纪的进步”为主题，其标志巧妙地描绘了一个简化的外太空形态，展现出强烈的运动美感，犹如一颗

---

[1] 宋奕勤．消费社会背景下上海世博会国家馆之设计符号解析[J]．设计艺术研究，2011，1(2)：71-75．

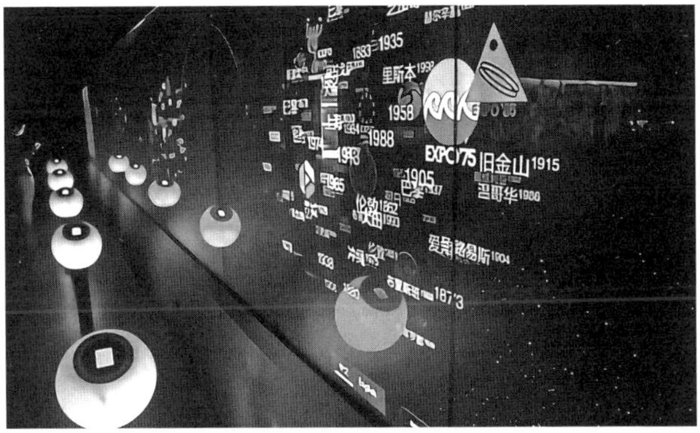

图2-52 世博会博物馆——未来愿景

即将启程的星球在宇宙中自由翱翔。这一标志采用简洁的插图形式，运用平面化的快速涂抹技巧，精准捕捉了星际太空的本质特征，既充满动态活力，又极具概括性。它不仅象征着工业文明的飞速发展，使得芝加哥这座昔日默默无闻的城市跃升为全球瞩目的焦点，更预示着一个崭新而光明的时代到来。对于受众而言，这一标志易于记忆，寓意深刻，且易于理解，有效地传达了世博会的核心理念。

1958年比利时布鲁塞尔世博会标志融合五星与地球图形，寓意五大洲人民和谐共处的愿景。数字“58”置于布鲁塞尔市政厅三角形建筑的核心，象征着本届世博会的年份。其主题“科学、文明和人性”通过这一标志得以巧妙融合，其中星星经鲁西安・德洛克之手巧妙变形，成为代表矛盾与多元的象征；地球作为恒定不变的时空背景；数字“58”则直观地标识了这一历史性的盛会。设计师在创作过程中探索了多种图形方案，最终选定这一星形标志，既体现了设计的独特性，也彰显了主题的深刻内涵。

1962年西雅图世博会再度聚焦太空探索，其标志采用箭头与圆形组合的设计，地球被巧妙地嵌入其中，形成一种强烈的指向性，象征着人类对宇宙的无尽向往与探索精神。而1964年纽约世博会的标志则通过单线勾勒的地球形状与环绕其周的曲线线条，传达出“通过理解走向和平”的深刻主题。曲线所蕴含的柔软与细致，象征着世界人民的相互理解，共同守护这颗蓝色星球的愿景。

有五届世博会（1967年、1970年、1975年、2005年、2020年）的标志均显著地体现了圆形元素对地球概念的诠释。1967年的世博会标志以16个人手拉手围成的圆圈为设计核心，象征全球人类的紧密联系与团结。1970年的标志则由五个带有缺口的圆形组成，宛如日本樱花盛开的形态，不仅体现了东道主国家的文化特色，也寓意着地球的多样性与和谐。1975年的标志则以蓝色为背景，圆形形态中融入了三个海浪的帆形设计，展现了海洋与地球的紧密联系，以及人类对自然的敬畏与保护。2005年世博会标志，通过小块方形按照圆形旋转排列的方式，传达出"自然的睿智"这一核心主题，体现了人类与自然和谐共生的理念。同时，"EXPO"和"70"的融入，也标志着世博会标志设计开始采用图形与字体相结合的模式。2020年世博会标志则源于迪拜沙漠中发现的黄金指环考古遗址，设计师运用同心圆环组合，深刻表达了世博会"联通、变通和力量"的主题，寓意着全球各地的文化与思想在此汇聚、交流、碰撞，共同推动人类社会的进步与发展。

2. 抽象图形标志

"世博会标志的形态也呈现由具象形态标志向几何形等抽象图形标志发展的特点。"[1]具象表现是通过高度概括和提炼客观事物细节，将自然形态忠实地呈现在具象图形中的一种表现方式。1974年、1984年、1985年、1990年、1993年、1998年、2020年和2025年的世博会标志设计均展现了对抽象图形的深刻运用与独特创意，这些图形不仅形式新颖，而且富含深层的象征意义，体现了设计在世博会视觉传达中的核心作用。

1974年美国斯波坎世博会标志以其独特的循环枢纽形态，巧妙融合三种色彩，象征资源循环利用的愿景。这一设计将人们的视线从形式、机械化生产和城市化建设等议题上转移，聚焦于资源的高效利用与减少污染，以此推动可持续发展。三角形循环枢纽的造型精准地传

[1] 吴国欣．标志设计[M]．上海：上海人民美术出版社，2005．

达了这一主题，引领人们思考资源的珍贵性与可持续利用的重要性。

1982年美国诺克斯维尔世博会标志，则是对能源渴求的直观体现。在经历石油危机后，美国社会对能源的重视程度达到了前所未有的高度。该标志采用圆形与火焰形态的结合，以红色火焰象征人们对能源的渴望和对美好生活的向往，引发全球对能源问题的关注，进一步强调了能源在社会发展中的核心地位。

在美国新奥尔良举办的1984年的世界博览会上，“河流的世界——水是生命的起源”成为主要的展览主题，而该活动的标识则巧妙地结合了主题意义和视觉吸引力。

标志以圆形为基础，象征着地球这一生命之源的载体。图形中央，灰白相间的两条曲线如同水波纹般自左向右、由小及大、由远及近地流动，动感十足，生动地模仿了河流的动势形态。河流之上的“84”字样，犹如冲浪者般在波涛中穿梭，从远方淌水而来，既体现了年份信息，又增强了标志的动感和生命力。标志的设计者从世博会主题出发，运用丰富的想象力和卓越的图形表现力，通过平面设计特有的艺术手法，深刻诠释了水资源对世界、对人类的重要性。

1985年日本筑波世博会的主题“居住与环境——人类家居科技”在田中一光设计的标志中得到了淋漓尽致的体现。这一标志巧妙地融合了日本浮世绘的艺术风格与民俗特征，以简练的图形语言诠释了主题的核心价值。标志外形采用三角形，这一形态不仅在日本文化中有着独特的象征意义，更暗示了人、环境、居住三者之间追求稳定、和谐的发展目标。环形轨道与圆形的结合，象征着地球与未来的无限可能，寓意着人类对美好未来的不懈追求。小圆形象征着太阳，为整个设计注入了生机与活力。两个椭圆环形则代表着我们所处的环境以及人类社会循环发展的理念，展示了人类与自然和谐共生的愿景。整个标志设计充满了对未

图2-53 1985年日本筑波世博会标志

来美好家园的期望与憧憬，不仅具有高度的艺术价值，更深刻地反映了世博会主题的内涵与意义（图2-53）。

以“新的起飞之路”为主题的1993年韩国大田世博会，其标志设计独具匠心，将半圆块面与旋转的“逗号”形态巧妙结合，形成了类似于太极图案的一部分，寓意着东方哲学的和谐与平衡。在规整的形态中，设计师寻求个性化的特点，通过简洁的两个抽象形态的组合，展现了舞动的趋势，象征着韩国在各个领域不断前进、追求卓越的活力。韩国大田世博会的举办，对于发展中国家而言，不仅是一次科技、文化和经济的盛会，更是一次启示和希望的象征。它展示了韩国在经济、文化、设计等多个方面追赶发达国家的步伐，为发展中国家提供了宝贵的经验和借鉴。这一标志设计也体现了韩国作为东道主国家的文化自信和创新精神，向世界传递了积极、向上的信息。“在世博标志设计中采用抽象形象为图形素材使用特别多。这种手法简洁、耐人寻味，产生一种秩序感，能够直接准确地表达主题内涵，适用于各种场合的使用。运用抽象表现形式的世博会徽，把会徽设计中的图形抽象化，将一些视觉要素的图形加以简化、变形或抽取客观对象中最本质、最典型的特征，这种手法能清晰地表达图形的意义与世博主题，视觉表现力强，利于识记。”[1]

3. 文字标志

文字本身富含深厚的意义，而字体的设计能够巧妙地表达这些文字的内涵。自文字诞生以来，字体便如影随形，成为文字表达的重要载体。在许多标志设计中，直接运用独特的文字设计成为一种常见的选择，其独特的视觉形式能够迅速吸引人们的注意力并传达出深刻的信息。1986年温哥华世博会、2010年上海世博会和2015年意大利米兰世博会的标志设计，都是文字标志的杰出代表。然而，尽管它们都是基于文字设计的标志，但在形态上却呈现出截然不同的风格。

---

[1] 许春丽．世博会会徽图形符号文化特征研究[D]．保定：河北大学，2009．

2010年上海世博会的标志设计，融入了深厚的东方文化元素。其字体设计既保留了汉字的基本结构，又通过细腻的笔触和流畅的线条，展现出东方书法的韵味。这种设计风格不仅富有艺术感，更深刻地体现了东方文化的博大精深和独特魅力。

相比之下，2015年意大利米兰世博会的标志设计则更多地体现了西方文化的特点。其字体设计简洁大方，线条硬朗而有力，充满了现代感和科技感。这种设计风格与西方文化的理性、务实和创新精神相契合，表现手法独特且符合当代设计的主流趋势。该标志设计没有过多的装饰和复杂的元素，而是通过直观的视觉形式，展现了意大利作为现代设计之都的独特魅力。

通过对比这两届世博会的标志设计，我们可以清晰地看到东方文化和西方文化在平面设计及标志设计中的差异。东方文化注重意境和气韵的营造，追求和谐、自然和含蓄的表达方式；而西方文化则更加注重理性和科学的表达，追求直接、明确和富有冲击力的视觉效果。这些差异不仅影响了设计师的创作风格和理念，也影响了观众对标志设计的理解和感受。因此，在设计标志时，深入了解并尊重不同文化的特点和差异是非常重要的。只有这样，才能创作出既有独特个性又符合文化背景的优秀标志设计。

（二）色彩设计的表现形式

自1933年第一个世博会标志诞生以来，历届世博会标志设计都成为设计师们展现才华、摩拳擦掌的绝佳舞台。设计，作为一种艺术形式，既服务于实际功能，又深深扎根于生活之中，它不仅是技术与美学的结合，更是人们意识形态的有形展现。在世博会标志设计的用色上，我们往往能够窥见设计师们的独特视角和深刻思考。不同的色彩搭配和运用，不仅为观众带来了丰富多彩的视觉体验，更通过色彩的语言，传递出世博会主题的核心价值和文化内涵。这些标志设计不仅是历史的见证，更是设计师们智慧与创意的结晶。世博会标志设计不仅是视觉艺术的体现，更是文化交流的桥梁。设计师们通过他们的作品，将不同文化、不同国家的理念与价值观融合在一起，形成了独特的视觉语言。这些标志设计不仅让我们领略到了不同文化的魅力，更促进了各国之间的交流与理解。

“一个被视为行为系统的人……其行为随着时间变化的表面复杂性在很大程度上，乃是其所处的环境复杂性的反映。”[1]环境变迁确实深刻影响着人们的主观意识和心理状态。当外部环境发生改变时，大众往往会受到其影响，产生相应的心理活动和变化。由于大众所处的社会环境、文化背景，以及个体的心理、个性和价值观的差异，他们对设计作品的认知和评判也会有所不同。标志设计必须充分考虑被使用的环境和社会文化背景的特点，以及预期受众的心理需求和消费需求。这意味着设计师需要深入了解目标受众，洞察他们的需求、个性、态度，以及他们对外部环境刺激的心理反应等因素。

色彩的运用是标志设计至关重要的因素。它不仅能吸引受众的注意力，还能传递特定的信息和情感。世博会的标志设计就是一个很好的例子。标志的色彩常常体现了主题和理念的传达。例如，当世博会主题强调环保和可持续发展时，标志可能采用绿色或蓝色等自然色调，以体现人与大自然的和谐共生；而当主题涉及创新和科技时，标志则可能选择更为鲜明和现代的色彩，如蓝色或紫色，以传达出创新和未来的氛围。

同时，世博会标志的色彩也会融入举办地的文化特色。设计师会巧妙地运用当地传统色彩，将地域文化元素融入标志设计中，使标志更具地域特色和文化内涵。这种巧妙的色彩运用不仅能让标志更具吸引力，还能传达出丰富的信息和情感，成为世博会的重要视觉符号和记忆点。尽管早期的世博会标志（如1933年、1935年、1939年、

---

[1] 赫伯特·A.西蒙．关于人为事物的科学[M]．杨砾，译．北京：解放军出版社，1988．

1958年、1960年）多使用黑白色彩，但它们依然能够传递出强而有力的信息。黑白色彩作为最纯粹、最具有冲击力的颜色组合，能够简洁而直接地表达主题。例如，1933年芝加哥世博会标志用简练的插图形式，概括提炼了星际太空的形态，黑白插图的形式让人快速记忆代表太空形态的标志；而1939年纽约世博会正值二战的爆发，其标志的圆球和尖角塔建筑也通过黑白色彩传达出了一种严肃和紧张的氛围。

自1964年开始，色彩在世博会标志上的运用变得更加大胆和多样化，红色等鲜艳色彩也逐渐受到设计师的青睐。这种变化不仅反映了设计趋势的演变，也体现了人们对色彩在设计中作用的深刻认识（表2-1）。

表2-1 世博会标志色彩

使用色彩	世博会年份	含义	次数统计
黑白	1933、1935、1939、1958、1960	简洁、庄重、严肃	5
红色	1964、1967、1982、1993、2000、2015、2025	激情、希望、能源、警示	6
蓝色	1964、1974、1975、1984、1986、1993、1998、2015、2025	海洋、天空、美好的祝愿、发展	8
绿色	1974、1988、2005、2010、2015	生命、植物、希望、活力、青春、和平、环境、自然	5
紫色	1970、1975、1985	美好、浪漫、动力	3
黄色	2015、2020	光明、能源、动力	1
橙色	1992	收获、能源、温暖、积极	1

红色作为一种极具表现力的颜色，在多个重要世博会标志设计中都占据了显著地位。自1964年美国的纽约世博会的主题“通过理解实现和平”开始，延续至1967年的加拿大的蒙特利尔世博会的主题“人与地球”，直至1982年美国的诺克斯维尔世博会的焦点“能量”，红色的代表意义始终是期望、热情和活力。这些世博会的主题与红色的象

征意义紧密相连，使得标志设计更具深度与影响力。

1993年的韩国大田世博会“新的起飞之路”和2000年的德国汉诺威世博会“人类—自然—科技—发展”同样运用了红色作为标志设计的主要色彩。红色在这里不仅代表了创新与发展的活力，也体现了人类对未来的热切期待与追求。

到了2015年的意大利米兰世博会“滋养地球，生命能源”，红色再次成为标志设计的核心颜色，它象征着生命的力量与地球的繁荣。红色在这里与世博会的主题完美契合，传递出积极、向上的信息。

即将到来的2025年日本大阪世博会中，标志设计同样以红色为主。这个由红色单体细胞形态组合而成的标志，通过重复使用红色单体颜色，形成了醒目的视觉效果。红色在这里不仅代表了生命的力量与活力，也象征着日本对于未来的热情与期待。它激发了人们的情感共鸣，使得这个标志更具感染力和吸引力。

从文化和心理层面来看，红色常被赋予热情、情绪波动大、挑战精神强等象征意义。它代表了勇于追求伟大事业的决心和勇气，也体现了人类对美好未来的向往与追求。在世博会标志设计中运用红色，不仅能够引起人们的共鸣和注意，还能够传递出积极、向上的信息，激发人们的参与热情。红色在世博会标志设计中扮演着重要的角色。它不仅能够传递出积极、向上的信息，还能够引起人们的共鸣和注意。在未来的世博会标志设计中，红色将继续发挥其独特的魅力与影响力。

蓝色在世博会标志设计中确实是一个使用频率极高的颜色，这不仅仅是因为它象征着广阔的海洋，更是因为它所蕴含的美好寓意。从1964年到2025年，多个世博会标志都选用了蓝色作为主色调，这充分说明了蓝色在设计中的普适性和受欢迎程度。蓝色作为一种冷色调，通常能够给人带来平静、稳定、深沉和信任的感觉。在世博会这样的国际盛事中，蓝色能够传递出一种庄重、大气和专业的氛围，与世博会的主题和宗旨相契合。

蓝色除了象征海洋之外，还寓意着美好的祝愿、发展等让人联想到美好的事物。这种积极向上的寓意使得蓝色在世博会标志设计中备受青睐。无论是海报、邮票还是其他平面设计宣传，蓝色都能够很好地融入其中，为整个设计增添一份清新、优雅和深邃的质感。

此外，蓝色在视觉上也具有很好的识别性和记忆性。在众多的色彩中，蓝色往往能够脱颖而出，让人一眼就能够记住。这也是蓝色在世博会标志设计中被频繁使用的一个重要原因。

绿色作为一种充满生机和活力的颜色，在世博会标志设计中扮演着至关重要的角色。从1974年到2015年，多届世博会标志都选用了绿色作为主色调。

绿色代表着生命、植物、希望、自然、活力、和平、青春和环境等丰富的含义。这些象征意义与世博会的主题紧密相连，使得绿色成为设计师们表达主题意境的优选颜色。例如，1974年美国斯波坎世博会的主题是“无污染的进步”，绿色在这一设计中被赋予了环保和可持续发展的寓意，表达了人类对于保护环境的渴望和追求。1988年澳大利亚布里斯班世博会的主题是“科技时代的休闲生活”，绿色则代表了自然与科技的和谐共生，体现了人类对于平衡发展和生活质量的追求。2005年日本爱知世博会的主题是“大自然的智慧”，绿色作为生命和自然的象征，在这一设计中被用来表达对于自然力量的敬畏和对于生态智慧的追求。2010年中国上海世博会的主题是“城市，让生活更美好”，绿色在这里则象征着生态、环保和可持续发展，体现了人类对于建设绿色、宜居城市的共同愿景。2015年意大利米兰世博会的主题是“滋养地球，生命能源”，绿色更是成为标志设计的核心颜色，代表着生命的力量和地球的繁荣。从这些世博会的主题和标志设计中可以看出，绿色作为一种充满生机和活力的颜色，能够很好地传达出世博会所要表达的主题意境。设计师们在选择色彩时，也是以含义传递和表达为前提，通过巧妙地运用绿色，使得世博会标志更具深度和影响力。

紫色在世博会标志设计中的运用，以其深邃且独特的视觉表达，为历届日本世博会赋予了丰富的文化内涵和时代精神。从1970年大阪的“人类进步与和谐”到1985年筑波的“居住环境——人类家居科技”，紫色作为核心色调，不仅彰显了世博会的主题精神，更巧妙地诠释了其深层含义。

在大阪，紫色象征着光明与动力，映射出人类追求和谐共处的坚定信念，为世博会注入了积极向上的活力。冲绳的海洋主题下，紫色与海洋的深邃和神秘相契合，既展现了海洋的广阔魅力，又寓意了人类对海洋资源的珍视与对未来的美好憧憬。到了筑波，紫色则化身为想象力的源泉和创新力的象征，与科技和家居设计相结合，彰显人类对美好居住环境的追求与探索。

黄色，让人联想到光明、能源、动力等含义。2015年世博会标志设计中，以黄色的明亮色调和丰富的色彩变化，与红色、蓝色相互碰撞，不仅丰富了标志的视觉表现，更传达出光明、能源与动力的理念，为世博会注入了新的活力与希望。通过色彩的巧妙搭配与运用，设计师成功地将主题意义传递给公众，使得世博会不仅是一场科技的盛宴，更是一次文化的交流与心灵的触动。

在1992年西班牙塞维利亚世博会标志设计中，橙色的运用堪称典范，深刻契合了“发现的时代”这一主题。橙色，以其活力四射与温暖如阳的特质，象征着收获、能源、探索与积极，完美契合了世博会所追求的积极、进取的精神内核。标志采用橙色网状球体的设计，不仅创意独特，更巧妙地隐喻了探索未知、积极发现的深层意义。橙色如同太阳，象征着光明与能量，而网状结构则隐喻着连接与沟通，象征着不同文化、思想与技术在此交汇融合。该设计成功捕捉了“发现的时代”这一主题的核心价值，激励人们保持开放的心态，勇敢探索未知领域，不断积累新知与经验。同时，它也象征着世博会作为国际交流与展示平台的独特地位，为各国人民提供了一个共同学习、共同进步的宝贵机会。橙色的运用，不仅为塞维利亚世博会增添了独特的视觉魅力，更在无形中深化了人们对这一盛事的印象与记忆。

狄德罗指出："一个物体之所以美是由于人们觉察到它身上的各种关系，我指的不是由我们的想象力移植到物体上的智力的或者虚构的关系，而是存在于事物本身的真实的关系。然而，我认为，不论是什么样的关系，美总是由关系构成的，我不是指与好看相对的狭义的美，而是指另一层意思，我敢说那种意义更具有哲理性，更符合一般的美的概念与语言和事物的本质。"[1]在审美感知的语境中，公众首先基于感性的需求与感官的驱动，通过五官细致地体验与感受客观世界的多样性。这种体验本质上是对外界事物的主观反映，每位观察者都会基于个人背景与经历，对同一事物产生差异化的感受。正如唯物论所揭示的，"物质决定意识"，外界物质世界塑造了我们的感知与认知；同时，"意识反作用于物质"，我们的认知与感知又能动地影响我们对物质世界的解读与体验。在审美过程中，公众通过视觉、听觉等感官对客观事物进行细致的观察与判断，对符合其审美标准的事物产生认同与欣赏，进而引发愉悦的心理体验。这一过程既反映了客观事物本身的特质，也彰显了观察者主观意识的能动作用。在设计标志时，色彩的运用尤为关键。色彩不仅具有美学价值，还能对受众产生深刻的心理暗示，辅助受众对图形信息的记忆与识别。因此，设计师在选取色彩时，需深入考虑色彩的心理效应与象征意义，确保标志设计既能传达出准确的信息，又能引起受众的情感共鸣。

三、世博会标志的传播功能

自世博会标志诞生之初，其设计轨迹深刻映射了社会文化、科技

[1] 狄德罗．狄德罗美学论文选[M]．北京：人民文学出版社，2008．

革新与艺术潮流的演进。作为世博会的独特符号，它不仅是公众对世博会认知的具象化体现，更是其本质特性的直观展现。随着人类社会的持续发展，标志已融入社会生活的各个层面，成为不可或缺的文化标识。

“对内而言，标志以艺术的方式强化着国人的民族认同感，引导着社会的审美。通过对国家文化的挖掘、提炼与打磨，强化本国民众对国家文化的认知，提升文化自信与民族自豪感。对外而言，标志以具象且生动的方式，直接与外国观众形成文化的沟通，以无声的方式向世界传递着本国的声音，以积极、主动的方式影响着他国对本国的印象与评价。”[1]在全球化的时代背景下，标志作为视觉传播的核心元素，承载着塑造与传播国家形象的重要使命。它凭借简洁而深刻的视觉形象，直观、迅速地传递国家文化与精神内涵。在国际舞台上，标志不仅是国家文化的载体，更是国家审美与设计实力的直观展现。相较于语言文字，标志在跨文化交流中更具优势，能够迅速捕捉国际受众的注意力，强化国家形象的认同感。因此，标志在塑造与传播国家形象中发挥着举足轻重的作用，是连接国家与世界的桥梁。

（一）准确性

世博会标志设计应遵循标志设计的基本功能特点。标志的准确性是标志设计首要功能。标志的造型、色彩、表现方式要传达出所设计的主题方向。标志设计可以使用多种的设计表现形式来诠释设计意图。“图形作为视觉艺术的重要组成部分，它传递思想观念和主张，也是与人沟通的工具，图形源于人们对现实世界的感悟而创作的一种呈现方式，通过丰富多变的手法，独特有趣的形式，各种视觉体验的呈现，对人产生极大的吸引力，使人觉得有共鸣、有意趣，它直接作用于人们的心灵深处，使人‘精神愉悦’，获得审美享受，在会心一

[1] 胡术．从世博会标志看“国家形象”在标志设计中的表达[J]．包装工程，2022(3)．

笑中达成共识。人们无须借助其他媒介就能通过视觉进行判断和交流。”[1]标志设计的准确性的核心在于图形元素的运用，图形作为一种独特的视觉表达形式，其核心使命在于有效地传递信息。在标志设计的过程中，设计师实际上是在运用这种视觉语言对信息进行“编码”，而观众则通过自身的认知和理解过程对这些编码进行“解码”，从而获取标志所传达的信息。为了确保信息的准确传递，设计师必须深入研究并理解观众的认知能力和审美偏好，以确保所设计的标志能够被目标群体所正确解码，并达到预期的传达效果。例如，以“海洋——未来的希望”为题的1975年冲绳世博会标志设计是一个以蓝色为底的圆形形态，内部是三个海浪的形态，标志的造型简洁明快，快速地传达了海洋这个主题。标志的造型给人的感受是具有浪漫情怀的、自由的、健康的。蓝色代表清澈的大海，希望冲绳有更加光明的未来。这一届世博会的关注点放在了人类赖以生存的海洋上。日本文化通过对外来文化的吸收和思考，走出有亚洲特色的、有东方特点的日本民族特色风格，将东方文化展现在大众眼前，标志准确地将海洋的主题表现出来。

（二）识别性

“标志的首要视觉功能就是识别性，只有鲜明的形象创意才能使图形具有耳目一新、吸引人、感染人、震撼人的心理感觉，才能产生使人难以忘怀的心理触动感、铭刻于心的心理艺术效果，才能高效地传递设计信息。”[2]视觉传播是人类与生俱来的认知能力，其中图形作为视觉传播的基石，以其直观性和高效性，在信息传递中发挥着不可替代的作用。标志设计的精髓在于精准运用图形元素，这些元素作为独特的视觉符号，承载着有效传达信息的核心使命。在标志设计的艺

[1] 毕学锋．图形设计研究[M]. 杭州：中国美术学院出版社，2020.
[2] 李长春，刘艳．基于标志设计的心理语义解读[J]. 包装世界，2012(1)：88-89.

术实践中，设计师实则扮演着“信息编码者”的角色，运用图形语言对信息进行精确“编码”。而观众则通过各自的认知与理解，对这些编码进行“解码”，从而洞察标志背后的深层信息。为确保信息的准确传达，设计师必须深入洞察目标受众的认知结构与审美倾向，精心设计每一个图形元素，确保标志能够被目标群体正确解读，并达到预期的传播效果。这一过程体现了标志设计的严谨性与科学性，也彰显了设计师对视觉传播艺术的深刻理解和独到见解。

世博会标志设计面向全球多元文化背景的受众，其识别性成为设计成功与否的关键要素。在设计过程中，除了突出标志的独特性质，还需要深度展现国家形象的精髓，并准确地阐释和具体化世博会的主题理念。标志集结了国家在特定主题下的特殊含义，是国家文化与国际交流碰撞融合的成果。鉴于各国在侧重点和发展方向上的差异，标志设计需精准把握这些差异，以确保其在全球范围内的广泛认可与共鸣。“不同国家的世博会标志设计所体现的民族性特征不同，在本国文化背景下都形成了自己独特的风格特征，如美国的标志设计相对自由、坦率；日本的标志设计把东方文化与西方构成主义相结合，塑造自己的风格特征。”[1]这些标志的设计不仅是对各国文化的传承与创新，更是对国际交流与合作的促进与推动。例如，1982年诺克斯维尔世博会处在这样一个对能源渴求的阶段，标志使用圆形火焰的形态，让全球人民都对能源关注，而红色的这个火焰代表着人们对能源的渴望和对美好生活的憧憬。

“人的视觉过程是视觉生理活动与相应心理经验联系起来互相作用的过程。视知觉是一种极为积极的探索活动，”[2]标志设计不仅涉及对视觉图形的即时捕捉与感知，更是一次对图形信息的深度处理与再创造。在这一过程中，设计师需与受众的视觉经验相互参照，以审美

❶ 杨玲．论不同理念下世博会标志的艺术特征[D]．兰州：西北师范大学，2012：24．

❷ 谢筱冬．论视觉传达设计中视觉形式的简化心理[J]．包装工程，2009，30(11)：197-198，231．

与认知的共识为导向。对于承载着国家形象的世博会标志而言，其视觉形象在公众心中已形成特定认知。因此，设计师在设计过程中需审慎平衡：既要尊重并延续这一认知基础，避免颠覆本质而引发受众的困惑；又需避免过度迎合或重复既有认知，以保持视觉上的新颖性与精神上的共鸣。设计师应巧妙地在传统与创新之间探寻平衡点，创作出既契合公众认知又充满视觉创新力的标志作品，以有效传播国家形象与文化精神。

（三）传达性

“标志是‘视觉塑造’与‘信息传达’的结合，‘国家形象’的设计不是为了导出某个漂亮的图案，而是必须紧密联系到视觉传播的社会营销效果——把‘国家’这个品牌传播出去，收到好的营销效果作为回报。了解对象的审美心理，设计出国际化的视觉符号，实现信息的精准传达。”[1]在标志设计中，设计师需敏锐捕捉图形的象征性，结合时代与文化背景，精准地传达信息。世博会标志的设计，不仅追求信息的即时传递，更需确保跨越文化隔阂，让全球观众迅速领会其深层含义。这种设计的精妙之处在于，它不仅是视觉的呈现，更是文化、时代与信息的交融。“凡文化符号都因功能诞生而成立。功能就成了文化价值的主要方面，就是他的实用价值。”[2]标志已演进为一种独特的信息语言载体，以其固有的魅力，使受众留下深刻印象，吸引公众目光，成为视觉焦点。

“任何设计信息传播都是在一定时代的一定文化空间，即文化场中进行的，这是人的经验、需要和行为得以形成和展开的空间，设计信息传播的完成必须结合相应的文化空间的特点并取得一定的协调。”[3]例如，朱利安 · 何伯特为1967年加拿大蒙特利尔世博会设计的

---

❶ 胡术．从世博会标志看“国家形象”在标志设计中的表达[J]．包装工程，2022(3)．
❷ 张宪荣．设计符号学[M]．北京：化学工业出版社，2004：85．
❸ 章国利．现代设计美学[M]．郑州：河南美术出版社，1999：176．

“人类与世界”主题标志，以古人类心态的象征作为核心单元，这些象形图形相互联结，隐喻着友谊的纽带。标志通过圆形重复排列的布局，生动地诠释了全球友谊的交织，营造出亲切、和谐的氛围。该设计以深邃的寓意和简洁的图形，结合设计师的卓越想象力和表现力，精准传达了世博会的主题精神。

四、世博会标志设计风格

（一）国际化

“好的标志设计就是在受众识别与理解的基础上，以视觉的美感染受众，从而对受众产生强烈的刺激、共鸣与艺术享受。”[1] 世博会标志设计的国际化在多方面得到体现，其中尤为显著的是其设计理念的全球化视野。此类设计追求跨文化的对话与交融，运用简洁明快的线条与图形，精准地传达出包容、开放和多元的文化内核。这种设计理念突破了地域与民族的界限，使标志在全球范围内都能引起广泛的共鸣。

在世博会标志设计中，符号元素的国际化特征显著。设计师常运用具有普遍象征意义的符号，如地球、和平鸽、握手等，这些元素超越了文化和语言的界限，有效传达了世博会追求和平、友谊与共同发展的核心理念。同时，设计风格的现代化与前瞻性亦是国际化设计的关键。现代设计追求简洁、明确和功能性，而前瞻性则要求设计具有预见性和创新性，能够敏锐捕捉并反映当代科技、文化与艺术的发展脉络。国际化的标志设计巧妙地融合了传统与现代元素，既凸显了举办国的文化根基，又契合了全球观众的审美期待，从而在本国观众中引发共鸣，并吸引国际目光的聚焦。

色彩在标志设计中的国际化运用至关重要。国际化的标志设计倾向于选择那些具有普遍吸引力、易于跨文化接受的色彩，这些色彩

---

[1] 张惠燕．标志设计认知心理过程研究[D]．长春：东北师范大学，2007．

不仅具有强烈的视觉冲击力，而且能够精准地传达世博会的主题与理念，同时传递出积极向上的信息，从而显著提升世博会的整体形象。国际知名设计师的参与是推动世博会标志国际化的重要力量。他们凭借丰富的设计经验和跨文化的视野，为标志设计注入全球性的视角。在国际化标志设计过程中，跨文化的沟通问题是不可忽视的一环。设计师需要深入了解不同文化的特性与差异，避免使用可能引发误解或冲突的元素，确保标志在全球范围内的有效传播。

通过精练的线条与图形，设计师能够传递丰富的信息，使标志成为跨越文化界限的全球性符号，易于被不同文化背景的人们所理解与接受。世博会标志设计的国际化是一个不断探索与实践的过程，它要求设计师融合传统与现代元素，运用鲜明的色彩与简洁明了的设计形式，同时考虑跨文化的沟通问题，从而创造出既体现本国特色又具有国际普适性的标志，为世博会的成功举办增添更多魅力与影响力。

“国家形象标志则是在全球化语境下展现中国立场与身份，强调文化传承与艺术嬗变，以此构建的符号化的视觉艺术。”[1]例如，2015年世博会标志设计摒弃了繁复的语言，通过简约而富有创意的图形语言，实现了信息的精准传达。该标志在设计上兼具数字多媒体的视觉效果与印刷工艺的适用性，以三原色为基础，叠加“EXPO”和“2015”字样，既展现了设计的简约美感，又强化了标志的识别性。其独特的表现手法和色彩运用，使标志在保持多彩多姿的同时，也凸显了主题信息的清晰传达，让不同国家和民族的人们都能轻松解读其背后的深层意义。

（二）民族化

在设计中实现民族符号与作品风格的和谐统一，是一项既复杂又精细的工作。这一过程要求设计师对民族符号有深刻的洞察，对作品风格

[1] 胡术．从世博会标志看“国家形象”在标志设计中的表达[J]．包装工程，2022(3)．

有精准的把握，并能巧妙地将两者融为一体。设计师需对所选用的民族符号进行详尽的研究，包括其历史脉络、文化内涵以及独特的视觉特征。通过细致入微的探究，设计师能够深刻领会符号的精髓，理解其背后所蕴含的情感与意义，进而在设计中精准地运用和表达，实现作品与民族符号的和谐共鸣。设计标识的过程就是把深厚的文化含义融入图像中去，并借助挑选、搭配和重新构建各种元素来创造出具有标志性特征的视觉标识，以实现传递品牌信息和价值的目标。无论是图像、文字还是其他形式，都通过提炼来创造出具有本土特色的视觉元素。

在国际主义风格的弊端展现无遗后，越来越多的设计师思考设计究竟是作品呈现出的模式，还是作品表现形式应该遵从设计主题、内容和思想，是否以功能和内容作为作品的出发点。随着平面设计的发展，快速传递信息的优势使得标志的图形语言越来越重要。“标志的设计逐渐从传统组合的内容描述方式转变成了个性及实质的意念化，构造了多元化的开放模式。”[1]民族化正是个体标志体现其与众不同的个性化的表现，而对世博会标志，每届的主办方更是有了这样的选择优势。

1970年日本大阪世博会标志，由被誉为日本现代设计先驱的龟仓雄策匠心独运设计。作为首位将现代主义设计理念引入日本的设计师，他的作品不仅精准地诠释了现代主义的精髓，更巧妙地融合了日本本土文化与西洋理念。龟仓雄策坚信传统图形能增强民族认同感，因此其设计中常融入民族符号，赋予作品深刻的文化内涵。大阪世博会标志便是其理念的杰出展现，标志以五个缺口圆形环绕樱花形态，既象征世界五大洲，又寓意日本作为东道主的地位。整体设计既具现代感，又不失日本传统文化的韵味。龟仓雄策通过民族符号的巧妙运用，增强了作品的情感表达，使作品与观众之间建立了深厚的情感联系，充分展现了民族符号所承载的丰富文化意蕴和强烈情感共鸣。

“会徽中图形、色彩与构图都带有典型的民族色彩都体现了民族

---

[1] 王兰珍．标志设计视觉因素研究[J]．包装工程，2012，33(22)：106-109．

精神。樱花在日本人民的心中有高雅、刚劲和独立的精神，世博会会徽图形符号的特征及其影响因素符合日本民族图案中的刹那性，将樱花瞬间的开放与生命中凝聚的瞬间力量进行释放，体现了日本民族坚忍不拔的民族性格，将世博会精神与世博会主题瞬间凝聚成永恒，捕捉了世博会主题的精华。”[1]2010年上海世博会标志设计以其民族性与国家形象的代表性，精妙地展现了中华文化的独特魅力和现代国家形象。该设计以中国传统书法“世”字为灵感，既是对中华文化的传承与弘扬，又实现了与现代设计理念的融合与创新。这一标志不仅彰显了中华书法的独特韵味，更体现了中华民族对世界文化的包容与尊重，凸显了深厚的文化自信。从国家形象视角看，该设计充分展现了中国作为大国的现代形象，将传统书法元素与现代设计理念相结合，既呈现了中国的历史与文化底蕴，又展示了中国对现代化进程的积极追求。这种传统与现代交融的设计，不仅体现了中国对传统文化的珍视与传承，也彰显了中国作为大国的开放与包容，对于提升国际形象、促进文化交流具有重要意义。

（三）时代化

世博会标志设计的时代性，深植于技术与艺术的交融之中，更是对未来社会、环境和人类生活方式的敏锐洞察与前瞻。它鲜明地反映了当代科技进步的最新成就，如3D打印、虚拟现实和增强现实等前沿技术，为世博会带来了前所未有的展示方式和深度体验，使观众能直观感受展品与主题的精髓。世博会设计亦是当代社会价值观和文化特色的集中体现。每届世博会的主题与理念，均紧密贴合当代社会的热点与关切。设计师巧妙地将其融入展品的形态、色彩与材质中，使观众在美的享受中，深刻感受到当代社会的精神风貌与文化底蕴。

世博会标志设计的时代性，表现在其与时代背景的紧密结合和

---

[1] 许春丽．世博会会徽图形符号文化特征研究[D]．保定：河北大学，2009：32．

不断创新。早期标志注重传统元素与象征性图案，彰显民族与地域特色；随着工业化和现代化的推进，科技感与未来感成为设计主流，表达了对科技进步与未来发展的热切期待；进入21世纪，全球化与信息化促使标志设计更注重跨文化交流与环保理念的传达，展现包容性、多样性与可持续性。智能化技术，特别是虚拟现实技术，在世博会设计中也扮演了重要角色。这些技术不仅提升了展会的科技含量，更为参观者带来了丰富、互动的体验。通过虚拟现实技术，参观者能够身临其境地体验不同文化风情，享受更为沉浸式的展示。这一创新为世博会设计开启了动态与交互体验的新篇章。

1. 世博会主题对世博会标志设计的影响

按照世博会主题可将世博会分成进步、和平、科学与人类、太空、人类与世界、环境、海洋、能源八个方面（表2-2）。

表2-2　世博会主题与标志造型

时间及城市	主题	标志造型
1933年芝加哥世博会	一个世纪的进步	地球、彗星轨迹
1935年布鲁塞尔世博会	通过竞争获得和平	地球、人
1958年布鲁塞尔世博会	科学、文明和人性	星形、地球、建筑
1962年西雅图世博会	太空时代的人类	地球、男性象征物
1964年纽约世博会	通过理解走向和平	地球、卫星轨道
1967年蒙特利尔世博会	人类与世界	人，圆形
1975年冲绳世博会	海洋——充满希望的未来	圆形、卡通浪花
1984年新奥尔良世博会	河流的世界——水乃生命之源	圆形、孤线
1988年布里斯班世博会	科技时代的休闲生活	地球、回飞棒
1992年塞维利亚世博会	发现的时代	地球
1998年里斯本世博会	海洋——未来财富	圆形、波浪形
2008年萨拉戈萨世博会	水和可持续发展	海洋
2010年上海世博会	城市，让生活更美好	汉字、人形
2015年米兰世博会	滋养地球，生命能源	英文字母
2020年迪拜世博会	连接思想，创造未来	圆形
2025年大阪世博会	为我们的生活设计未来社会	细胞形态

（1）进步

1933年美国芝加哥世博会“一个世纪的进步”，标志描述的是一个简化的外太空的形态，图形有着运动的美感，像是一个蓄势待发的、运动着的星球在宇宙里翱翔。用简练的插图形式，快面平涂，概括提炼了星际太空的形态，充满动感，生动活泼，指向性强。1993年韩国大田世博会“新的起飞之路”，标志为一个半圆的块面和一个像旋转的“逗号”组合起来颇似一个太极的形态，规整的形态中寻求着个性化的特点，简洁的两个抽象形态的组合，又像是舞动的精灵。

（2）和平

1958年比利时布鲁塞尔世博会“科学、文明和人性”，标志由五星和地球图形组合而成，意义为地球上的五大洲人民和平相处。数字“58”在布鲁塞尔市政厅的三角形建筑的中心位置。

（3）科学与人类

1986年加拿大温哥华世博会的主题是“交通与运输”。从温哥华世博会标志形态上可以看出，是将“86”字体进行设计，将“8”变成两个圆圈，是对字体“8”的裁剪与重新组合，而“6”将下半部分的圆形夸张，使得画面中的三个圆形环环相扣，暗示着地球与交通，交织在一起的圆环也如同车的轮子，像路面交通的平面示意图，更像是通信技术中人与人之间的联系，将交通运输这个概念生动展示出来，即用简洁的字体重组、盘绕、加粗来设计这一届的世博会标志。

1988年澳大利亚布里斯班世博会是一次具有深远影响的盛会，其主题为“科技时代的休闲生活”。这一主题不仅揭示了当时社会科技迅猛发展的背景，还深入探讨了科技如何与人们的日常生活，特别是休闲方式相结合，为人类带来更加便捷、舒适和多彩的生活体验。

（4）太空

1962年美国西雅图世博会以“太空时代的人类”为主题，标志设计巧妙地将指向性箭头与圆形相结合，内含地球元素，强烈传达了太空探索的意向与决心。该设计不仅体现了对太空梦想的向往，更通过明确的指向性符号，象征着向太空进发的无畏势头。而西雅图世博会的太空针塔设计，灵感源于飞机掠过埃菲尔铁塔的瞬间与巨大气球的构想，旨在展现美国在1962年世博会上的科技领先与创新实力。初始构想中的气球形状因结构问题难以实现，后经建筑师约翰·格雷厄姆的“飞碟”方案启发，由维克多·斯坦布鲁克完成最终设计。太空针塔以圆柱形塔身支撑扁平飞碟状结构，结构直径15米，与细长塔身形成鲜明对比，创造了一种充满科幻色彩的视觉体验，成为科技与创新精神的完美诠释。

（5）人类与世界

1967年蒙特利尔世博会以“人类与世界”为主题，其标志通过图形设计，传达象征人类与全球发展的紧密联系，体现了加拿大作为发达国家对全球发展的责任担当。这一主题下，五个副主题全面展现了人类在各领域的贡献与发展。随后的世博会标志设计亦各具特色。1968年圣安东尼奥世博会聚焦于“美洲大陆的文化交流”，而1970年大阪世博会则通过五个缺口圆形围绕樱花的形态，将民族特色与地球发展理念相结合。1985年筑波世博会关注“居住与环境——人类家居科技”，1990年大阪世博会再次聚焦“人类与自然”。到了2000年汉诺威世博会，其标志设计则利用电脑技术动态展示“人类—自然—科技—发展”的主题，首次在世博会中引入动态标志设计，可变化出四百多种样式与色彩。

2010年上海世博会标志将汉字“世”与“2010”结合，以三个人形构成的“世”字，结合中国传统书法，传达了“城市，让生活更美好”的主题，展现了中国的传统文化与现代世博会理念的融合。展望2025年日本世博会，其标志设计采用“细胞”模式，通过单体概念的重复组合，突破传统图形设计，象征人类与其他生命体共同成长，共创未来世界。

（6）环境

1974年美国斯波坎世博会标志，以回环往复的三角枢纽为形，融合三种色彩，深刻寓意资源循环利用的愿景。这一设计引导公众思考从形式、机械化、城市化转向资源优化利用与环保发展的新模式，标志形态精准地呼应了“无污染的进步”这一主题。

2005年日本爱知世博会标志，则采用小块方形围绕圆形旋转的构图，象征“自然的睿智”。这一设计不仅体现了自然法则的循环与和谐，而且巧妙地将“EXPO”和“70”融入其中，彰显了世博会“大自然智慧的再发现”的核心主题。

（7）海洋

在海洋主题的表达中，1975年日本冲绳世博会标志以其独特的蓝色圆形基底与三个海浪形态相结合，展现了“海洋——充满希望的未来”的核心理念。其设计简洁明快，直观传达了海洋主题，同时蓝色基底象征清澈的大海，寓意冲绳未来的光明前景。

相较之下，1992年西班牙塞维利亚世博会聚焦于“发现的时代”，虽未直接呈现海洋元素，但无疑也包含着对海洋及其无尽奥秘的探索与期待。1998年葡萄牙里斯本世博会则以“海洋——未来的财富”为主题，进一步强调了海洋作为人类未来重要资源库的地位，展现了人类对海洋资源价值的深刻认识。

（8）能源

1982年，美国诺克斯维尔世博会深刻揭示了能源在全球发展中的核心地位。随后的1992年，意大利热那亚世博会“哥伦布——船与海”的主题虽不直接聚焦能源，但其标志设计却紧密贴合现代标准化规范，注重实用性与简洁性，以图形创意同构的手法，将地球圆形与“expo”中的“o”相结合，传达出海洋与能源、探索与未来的紧密联系。

2008年，西班牙萨拉戈萨世博会聚焦于“水和可持续发展”，这一主题虽侧重于水资源，但同样反映了能源利用的可持续性和环境保护的重要性。2015年，意大利米兰世博会以“滋养地球，生命能源”为主题，以简洁而独特的字体造型展现了当代设计的主流方向，并将“2015 米兰世博会”和主题“滋养地球，生命能源”的英文融入标准组合中，进一步强调了能源对地球生命的重要性以及可持续利用能源的紧迫性。

2. 设计思潮下的世博会标志

设计思潮对历届世博会标志设计元素的影响是显而易见的。俄罗斯美学家车尔尼雪夫斯基在《生活与美学》中讲道：每一个时代的美都是而且也应该是为那一个时代而存在，它毫不破坏和谐，毫不违反那一个时代美的要求，当美与那一时代同时消逝的时候，再下一代就会有它自己的美，新的美，谁也不会有所抱怨的。[1]设计思潮，作为设计领域的引领力量，对设计作品的风格和特点产生了深远影响，这同样在世博会标志设计中得到了体现。以下将通过分析几个世博会标志，探讨设计思潮对其设计元素的具体影响。

1992年西班牙塞维利亚世博会标志设计，反映了当时设计思潮对地方特色和民族风格的重视。该标志巧妙融入西班牙传统文化元素，色彩鲜明、图案独特，线条设计简洁大方，充分展现了南欧国家特有的浪漫与激情，体现了设计思潮对地域文化的深刻理解和运用。

进入21世纪，设计思潮开始转向简约、现代和功能性。2000年德国汉诺威世博会标志设计便是对此思潮的生动诠释。它采用简洁的几何图形，线条现代感十足，色彩运用恰到好处，成功传达出科技、创新和未来的主题，展现了设计思潮对现代审美和功能的追求。而在2010年中国上海世博会标志设计中，设计思潮则更加关注传统与现代的结合，强调文化的传承与创新。该标志巧妙融合中国传统元素与现代设计理念，如中国红的运用，既寓意着吉祥和喜庆，又展示了中国

---

[1] 车尔尼雪夫斯基．生活与美学[M]．周扬，译．北京：人民文学出版社，1957：48．

的文化魅力；动感十足的线条则象征着城市的活力和发展的步伐，实现了传统与现代的完美融合，体现了设计思潮对文化传承与创新的高度重视。

这些例子都说明了设计思潮对世博会标志设计元素的影响。随着时代的变迁，设计思潮也在不断地发展变化，而历届世博会的标志设计则成为反映这些思潮变化的重要窗口。它们通过独特的图形、色彩和线条，传达出不同时代的审美观念和文化内涵，成为世博会不可或缺的一部分。设计思潮对历届世博会标志设计元素的影响是深远的。它不仅影响着标志设计的风格和特点，也反映着时代的变迁和文化的传承。因此，在设计世博会标志时，需要充分考虑当前的设计思潮和时代背景，以创造出既具有时代感又具有文化内涵的优秀作品。

（1）国际主义的影响

20世纪20年代的“包豪斯”设计、教育引发了一场“少即是多”的理性思考，反对复杂和不必要的装饰，使用抽象的几何形态，“现代主义”风格引起了设计师们的反响。二战后，现代主义风格多样化时期的到来让艺术领域，设计领域进入一个全新的时代。

包豪斯的设计理念强调形式与功能的完美结合，去除多余的装饰和繁琐细节，使设计更加纯粹和简约。这种设计理念在世博会标志设计中得到了充分体现。设计师们追求标志的简洁性和辨识度，通过图形和字体的巧妙组合，传达出清晰、明确的信息。包豪斯的设计理念也注重使用新材料和新技术，以提升设计的创新性和可持续性。这种理念在世博会标志设计中也有所体现。设计师们充分利用现代技术和材料，创造出具有独特视觉效果和文化内涵的标志。

国际主义风格对世博会标志设计的深远影响显著体现在其对统一性和标准化的追求上。通过精简的网络结构和非对称排版，国际主义风格赋予标志简明而准确的视觉特征，极大促进了标志在国际舞台上的传播与识别，完美契合了世博会作为国际性博览活动的核心需求。设计师们对色彩的运用亦极为考究，他们注重色彩的象征意义与情感表达，选取具有代表性和辨识度的色彩来凸显标志的主题与理念。

1958年布鲁塞尔世博会的标志设计正是这一时期国际主义风格的杰出体现。该标志不仅在图形构成、色彩搭配上彰显了国际主义设计思潮的特点，更在整体风格上展现了追求统一与标准化的设计理念。其设计简洁而不失现代感，经典而不显烦琐，完美契合了当时国际主义设计的流行趋势，成为国际主义设计思潮的一个重要里程碑。

（2）超现实主义的标志

1957年苏联人造卫星的成功发射，开启了人类对原子能与太空探索的新纪元。1962年西雅图世博会紧扣“太空时代的人类”主题，其标志设计巧妙融入太空针塔的图形语言，以箭头与圆形相结合，地球置于其中，生动诠释了太空探索的壮丽景象。而1967年加拿大蒙特利尔世博会标志则明显受到超现实主义的影响，它体现了对个体与集体、人与自然关系的深度反思。这种设计理念突破了逻辑与现实的常规，融合了现实观点、本能反应、潜在思考和梦境体验，揭示了人类心灵深层中那些难以描述的图像世界。其独特的设计理念、图形构成和强烈的视觉冲击力，均彰显了超现实主义的艺术魅力。

（3）标志对绿色设计理念的诠释

工业革命后，绿色设计以其环保和可持续性发展理念，对世博会标志设计产生了深刻影响。设计师们开始聚焦于环保材料的使用，避免采用对环境有害的材质，从而贯彻绿色设计的核心原则。在造型与色彩的选择上，亦力求降低能源消耗和环境污染，展现对环境保护的深刻承诺。设计师们不仅关注标志制造过程中的环境影响，如减少废弃物产生、降低能源消耗，还强调标志的可回收性、可拆卸性、可维护性和可重复利用性，以实现资源的有效循环利用，减轻环境负担。绿色在世博会标志设计中的使用，不仅提升了标志的美观与独特性，更赋予了其深刻的社会价值和意义。设计师们通过标志传递环保、可持续发展等理念，推动社会进步与发展。

自1970年起，世博会开始聚焦人与自然的关系，1975年日本冲绳世博会更是以“海洋——未来的希望”为主题，通过蓝色标志展现对清澈海洋和冲绳光明未来的期望。2005年日本爱知世博会“进步与人类和谐”的主题，进一步强调了地球村的概念，让参与者深刻感受到自然的美好与力量，激发人们对环境、资源、能源等生态环保意识的重视，共同追求可持续发展与自然美好的愿景。

第三章 | 世博会海报设计

海报设计，作为视觉传达设计的核心形式之一，通过图像、文字与布局的精心编排，旨在捕捉观众目光，激发情感共鸣，并精准传达信息。在学术领域，海报设计涉及色彩、构图、排版、字体等多维度的综合考量。海报设计，关键在于如何通过设计元素的巧妙选择与组合，实现视觉、信息与情感的和谐统一，确保作品能够精准地表达主题与内容。此外，海报设计受到不同文化、风格及社会、政治、经济等因素的深刻影响。世博会是全球文化、经济交流的重要平台，为全球设计师提供了展示其艺术才华的卓越舞台。世博会不仅是文化交流的盛会，更是设计艺术发展的见证者。世博会的历史堪称近现代设计史的缩影，特别是在海报设计领域，自首届世博会起，从展览海报到各类应用性和宣传性设计，这些作品不仅为展会增色添彩，更反映了当时社会的审美趋势和文化特点。这些视觉设计作品的演变脉络清晰可见，海报设计在长达一个多世纪的近代平面设计中扮演着重要角色。

一、世博会与海报设计

（一）世博会海报的特点

从1851年第一届世博会开始，海报设计作为宣传媒介，在很长一段时间起到了非常重要的作用。印刷技术是海报存在的基础，从中国发明印刷术，再到后来印刷技术被广泛应用到平面设计的各个方面，印刷技术的不断发展使得海报的设计表现形式可以有更多的可能。世博会作为展示人类智慧与创新成果的重要平台，海报设计往往承载着深厚的文化内涵和独特的视觉冲击力。世博会海报设计的特点体现在多个方面，不仅展示了设计师的创意与才华，也向观众传递了世博会的主题与理念。

首先，世博会海报设计注重主题的突出与传达。每一届世博会都有独特的主题，海报设计需要紧扣主题，通过视觉元素和色彩搭配，将主题精神准确地传递给观众。设计师会运用各种创意手法，如抽象图形、具象插画或文字排版等，将主题元素与世博会的精神内涵相结合，形成独特而富有内涵的视觉形象。

其次，世博会海报设计追求视觉效果的震撼与吸引力。作为吸引观众眼球的重要元素，海报设计需要具有足够的视觉冲击力，能够吸引观众驻足欣赏。设计师会运用大胆的色彩搭配、独特的构图方式和创新的视觉元素，创造出令人难以忘怀的视觉效果。同时，设计师还会注重细节的处理，使得海报在整体视觉上更加精致、细腻。

世博会海报设计强调文化的融合与创新。世博会是一个展示各国文化、促进文化交流的盛会，海报设计也需要体现文化的多样性和包容性。设计师会深入挖掘各国文化的精髓，将其融入海报设计中，形成具有独特文化特色的视觉形象。同时，设计师还会注重创新元素的运用，将传统文化与现代设计相结合，创造出新颖而富有创意的海报作品。

“此时海报是主要的视觉传播的载体，这些海报基本采取的都是写实的绘画风格。在内容上主要围绕世博会的名称和主题来设计的，世博会的规划图、地标建筑和美丽女神、重大发明创造一直是世博会海报的主要形象。在风格上体现出新古典主义风格、维多利亚风格、新艺术运动风格等，表现形式是写实性的，主要集中在人物和人体表现上，民族特征主要是通过国旗和城市建筑来表现。”[1]世博会海报设计还注重实用性与可读性的平衡。海报作为宣传媒介，需要具备一定的实用性和可读性，能够清晰地传达信息并引导观众行动。设计师会在保证视觉效果的同时，注重文字信息的排版和布局，使得海报内容易于阅读和理解。同时，设计师还会考虑海报的材质和制作工艺，确保海报在展示过程中能够保持良好的视觉效果和耐用性。世博会海报设计特点体现在主题的突出与传达、视觉效果的震撼与吸引力、文化的融合与创新以及实用性与可读性的平衡等方面。这些特点共同构成了世博会海报的独特魅力，使得每一届世博会的海报都成为观众关注的焦点和收藏的珍品。

（二）印刷技术的发展与世博会海报设计

海报艺术一直与技术进步紧密相关。1855年法国的米·斯洛特发明了“照相铜锌铅板印刷术”，19世纪60年代朱尔斯·切雷特（Jules Cheret）发明了“三石版画工艺”，石版画家仅用三块石头就能产生各种各样的色彩，低成本的彩色海报终于成为现实。直到1871年“照相网版印刷技术”的发明，海报可选择的印刷方式逐渐变得多起来。19世纪的彩色套色石板印刷技术和后来的理查德·霍发明的“滚筒式石印机”，使海报从维多利亚以文字为主的写实设计风格转变成色彩丰富的、字体可以自由发挥的海报设计趋势。法国印刷技术的完善使得法国在举办世博会过程中有着有利优势进行世博会的海报设计。

[1] 杨玲．论不同理念下世博会标志的艺术特征[D]．兰州：西北师范大学，2012：24．

现在使用最为广泛，也是平面设计师所认同的印刷方式——丝网印刷。丝网印刷最早可以追溯到中国秦汉时期。这时期的丝网技术仅仅是为了印出更美的服饰。而到1905年出现了利用丝绸的均匀织物的特点作为网版的丝网印刷，色彩可以渗出的方法由英国的萨姆艾鲁·西文发明，后来改善为一版多色的丝网印刷，被广泛使用。1918年由一位日本人将网印技术传入日本，并在此印刷技术基础之上发明了“聚合制版”的方法。同时期，照相网印技术利用“感光制版”法。“感光胶”的发明和使用，使得丝网印刷技术拓宽了可以应用的范围。一直发展到今天，丝网印刷仍然是海报设计师所钟爱的印刷方式。印刷技术的不断发展，让世博会海报设计呈现出百花齐放的状态，不仅不需要局限于表现形式和手段，而且可以大胆地畅想，冲破了技术上的限制。在传达信息的基础上，设计师可以将社会发展、文化创新等想要表达的理念，通过海报设计传递给受众。由于印刷的复制作用，设计出来的海报可以大规模地张贴在街道、护栏等地方，充分发挥世博会的宣传作用。

二、世博会海报设计风格的演变

海报的设计风格受到了不同时期艺术运动的影响。世博会的海报现在已经成为很多收藏家手中的挚爱，因为世博会海报设计背后凝结了世博会历史和艺术，并将人类文明的艺术设计理念和文化交流的愿望展现在世人面前。世博会海报设计传达了世博精神和想要广而告之的信息，随着印刷技术的不断完善，设计师有了更加多样的方式去表达设计理念。在世博会海报设计的历史上，风格各异的世博会海报，作为世博会交流和信息传播的重要媒介，对于平面设计发展和世博会的发展起到了重要的作用。

世博会海报设计风格丰富多样，反映了不同时代、文化和艺术流派的特点。早期的工艺美术运动以其独特的精致写实与装饰手法在设计史上留下了浓墨重彩的一笔。特别是在法国，其“艺术招贴”风格尤为显著，并在1889年巴黎世博会的海报设计中得到了淋漓尽致的展现。这些海报中的变形写实人物形象、富有艺术感的手写字体以及充满活力的构图给人留下深刻的印象。

新艺术运动风格

19世纪90年代，海报艺术兴起，公众兴趣骤增。新艺术运动以独特的装饰艺术风格崭露头角，其流畅的曲线造型和拜占庭风格的图标设计，融合了拉斐尔前派的浪漫主义与凯尔特艺术的复兴元素，成为设计领域的重要力量。

新艺术运动强调形式、线条与色彩的运用，这些特质使其成为海报设计的理想选择，并在1900年前后主导了巴黎海报设计的潮流。众多杰出艺术家如阿尔方斯·慕夏、乔治·德·费尔、尤金·格拉塞、阿尔伯特·纪尧姆等，纷纷投身于这一风格之中。

1894年，阿尔方斯·慕夏为著名演员莎拉·伯恩哈特设计的海报，成为新艺术风格在海报设计中的经典之作。其独特风格与深刻表现力，彰显了新艺术运动在海报设计领域的卓越贡献。

1900年巴黎世博会，新艺术运动达到巅峰。其海报设计特点鲜明，强调曲线、自然形态与装饰性，色彩鲜艳且富有象征意义，成为当时设计领域的杰出代表。

未来主义与立体主义风格

第一次世界大战后，新艺术运动渐显陈旧，而现代艺术运动如立体主义、未来主义、表现主义等，更契合新技术时代。在此背景下，海报设计呈现新风貌。建构主义运动受卡西米尔·马列维奇影响，由弗拉基米尔·塔特林等人推动，虽源于苏联，但对西方设计影响深远。意大利的未来主义短暂盛行，后被Novecento风格取代，其艺术家包括Campigli、Marcello Nizzoli等。

1925年巴黎“装饰艺术”博览会上的艺术装饰风格，融合多流派精髓，以圆滑几何形状和强烈色彩为特点，与技术和速度完美契合。

Adolphe Mouron Cassandre等设计师在此领域贡献显著。艺术装饰风格与意大利的动感戏剧性相得益彰，卡皮耶洛、杜多维奇等为其代表人物。

1933年芝加哥世博会海报展现未来主义风格，融合速度与戏剧性元素。立体主义、达达主义等流派亦在海报设计中留下印记，以抽象图形和碎片化形象表达未来愿景。

随着现代主义设计理念的兴起，世博会海报设计趋向抽象与极简，运用几何图形和色彩突出主题，展现现代感。同时，地域和民族特色也被融入设计中，展现多元文化的魅力。科技进步亦推动海报设计向科技感和未来感方向发展，运用先进视觉技术创造独特作品。世博会海报设计风格多样且不断演变，反映时代与文化特点，为观众带来视觉与文化的双重享受。

（一）世博会早期海报设计风格

19世纪40年代的“维多利亚时期”，在欧洲街头巷尾都张贴着大量的海报，而接下来的“工艺美术运动”和新艺术运动对世博会早期的海报设计风格起到重要作用。“工艺美术运动”是对“维多利亚时期”过度烦琐的一种抵制。对自然的推崇和对中世纪传统手工艺的美好记忆，使得人们想要建立一种自然纯朴的风格。这样的思想理念，将自然主义推到了这个时期的画面中。很多研究者认为工艺美术运动的基本思想认识源于1851年英国世博会，当时展示了大量的劣质工业制品，因此引起了一些有识之士对于问题的密切关注。相较之下，后续的设计师们坚定地致力于改善和优化工业品，与此相反的是这些设计师主张摒弃工业制造，回归到手工艺的中世纪时代。“工艺美术运动”试图回避工业化的冲击，对设计的理解仍停留在传统的层面。然而，若以时间轴为参照，虽然该运动存在一定的限制和滞后性，但相较于复杂且冗长的维多利亚式风格，其无疑是向前迈进了一大步。

世博会早期的海报风格受到“工艺美术运动”和新艺术运动的影响。“工艺美术运动”变成一个主要的设计风格影响因素，它的影响遍及欧洲各国，它的基本思想是对于工业化的强烈反对，利用自然风格、日本装饰风格和中世纪装饰风格作为对烦琐的维多利亚式风格的对抗。它对于中世纪的手工艺传统的鼓励和促进，影响了几乎所有的欧美国家，从而促使欧洲和美国产生了另外一个规模更加大的设计运动——新艺术运动。[1]新艺术运动对海报设计最大的影响可能就是对自然形态的追捧，从这段时期海报的画面中可以发现，许多植物的造型出现在版面设计中。世博会海报设计将绘画、照相技术、彩色套版印刷等这一时期的新理念、新技术应用其中。

1873年维也纳世博会（图3-1）创造了普拉特公园形式的著名的世博会理想化的大工程。正如海报所展示的那样，维也纳世博会的普拉特公园从一个大的游乐园被重新装修成一个世界会议室。为了吸引人们的注意，钢筋结构没有留在外面。成熟的树木和如画般的湖泊和溪流让人肃然起敬，这幅画面呈现出来的不仅是风景优美的环境，更是一种庄严而清新自然的文化气息，传达出维也纳世博会与众不同的气质。伴随着“蓝色多瑙河”美妙的音乐，在所有工作就绪的时候，人们想要享受世博会带来的愉快和巨大的经济收益。但随着维也纳股市崩盘，霍乱在维也纳呼啸而来，使得世博会的召开变成了一个美好的愿景，辉煌的背后却隐藏着不知多少哀号。

1876年美国费城世博会，为庆祝美国独立一百周年，当时任美国费城世博会首席规划设计师的赫尔曼·施瓦茨曼提出一个大胆的尝试，展览会展出的展品不像以往那样，在一个单一的建筑中，而是命名五个不同的主题展馆进行分门别类的展出。正如海报的画面中所示（图3-2），在费尔蒙特公园，搭建一个将传统结构的铁和玻璃组合在

---

[1] 王受之．世界平面设计史[M]．北京：中国青年出版社，2002：77．

图3-1　1873年维也纳世博会主建筑工业宫

图3-2　1876年费城世博会海报

一起的景观建筑。它的主要载体是一个巨大的蒸汽机，而这个蒸汽机就是一个动力的发动机。这样一个具有创意的建筑体便成了1876年世博会最惹人赞叹的创意。欧洲一直都是艺术中心，骄傲的欧洲人被美国举办的1876年世博会所折服。随着美国经济的发展，其在艺术领域也形成集聚效应。

随着1884年法国第一次海报设计展顺利举办，1895年第一张电影海报问世，海报设计的视觉传达和艺术性已经成为平面设计中最为重要的一部分，它是最好的信息媒介。而海报在世博会舞台上展现出了共独特的魅力，艺术表现力极其丰富，所呈现出的面貌也是风格迥异的。戏剧化效果出现在海报的设计当中，海报将绘画的美感和故事性描述结合，将绘画和创意结合，使得海报变成一副传达信息的宣传品。它的艺术性绝不亚于绘画作品。1889年巴黎世博会是一个非常成功的世博会，也是展览中少数盈利的一届世博会。这届世博会最惹人注目和给世人留下最具有象征意义和最具魅力的就是埃菲尔铁塔，这个当时最高的建筑成为巴黎世博会的标志性建筑，直到今日也是巴黎的标志性建筑。从图3-3中可以看到一个楚楚动人的女子用曼妙的舞姿在表达法国人的热情。黄色的裙子和身后红黄渐变的主题文字交相呼应，在海报正上方是“1889年世博会”的字样，最下方是举办时间等信息。这种在海报正上方和正下方排列文字的手法是当时海报编排的一种流行方式。画面中的这个女子嘴角上扬，手里拿着一支箭，瞄准远方准备投射，身体向右倾斜，整个画面的力量也随她的身体动态向右倾斜，用几个手写字体在左上方排列，使得整个画面的构图完整，既有活泼的动态，又不失画面的稳定感。她穿着黄色舞鞋的脚下，是顺延腿部排列的文字，而看到她的后方正是巴黎世博会举办地正在放烟花庆祝。该海报不仅有叙事性，还有艺术美化的处理手法，色彩明亮、对比强烈。朱利斯·谢列特（Jules Cheret）的这张作品在1889年巴黎世博会上荣获金奖，这一荣誉充分证明了他在海报设计领域的卓越地位。展现了“谢列特女”形象的海报，成为世博会历史上的经典之作。

图3-3　1889年巴黎世博会海报

1893年芝加哥世博会的这张海报是为了纪念哥伦布发现新大陆400周年。从海报可以看到哥伦布的画像放在海报中心，他佩戴着船长帽子，左后方站着一个男人，这个人右手指向一排文字“哥伦布世博会”，左手竖排着一个意为“劳动”的英文词语。哥伦布画像的右后方则站着一个挥手的女人，似乎这个女人正在向那个男人招手示意“哥伦布世博会”，

图3-4　1893年芝加哥世博会海报

图3-5　1893年芝加哥世博会海报
“芝加哥的一天”

女人另一只手里拿着一张宣传单，上面写着世博会在1893年的字样，这个女人身旁写着“艺术”。通过这幅海报可以看出美国在政治和工业等领域都属于强国地位，而世博会的召开更是宣布了美国经济、文化、科技的繁华时期的到来，世界的目光都要注视美国，也要注视芝加哥的发展（图3-4）。

另一幅1893年世博会海报使用了石板印刷技术，名为“芝加哥的一天”，海报最下方的一排字写的是“怪物大合唱音乐会”，小标题是“芝加哥大火纪念”，往上看去则是世博会的展馆建筑群，可以看到建筑上方挥舞着很多飘带，飘带上则注释着主要的标语。再往上，海报被“芝加哥的一天”几个文字分割为两块画面，上方则是一场大型的庆典活动现场，旁边一个女子身后飘动着美国国旗。文字编排灵活，将两个场景描述用文字分割的方式呈现在画面中（图3-5）。

从1900年法国巴黎世博会海报不难看出新艺术运动对当时法国海报设计的影响。用曲线和有机形态结合，并且主体物都源于自然形态。这是一种新的装饰描绘方式，用线条和绘画装饰手法来表现海报。第一幅海报（图3-6）的画面被分割成两块，海报的左侧是一个欧洲女子的全身像，在她的身后露出一个男子抓住女子的头巾，画面的右侧上方是“巴黎世博会1900”的醒目文字，下方是世博会的几个建筑的场景描绘。这幅海报作品利用神话形象来赋予世博会神圣象征，用流畅的线条去表达设计师的艺术化处理。这幅海报右边描绘的是巴黎世博会的主展馆的外景，法国这样浪漫魅力十足的国度，举办世博会所使用的海报就像它本身的气质那样，让人沉醉其中，色彩的丰富，画面的优雅感觉，让所有看到的人都如同来到了梦境之中。这也正是巴黎想要传递的贵族气质。第二幅1900年巴黎世博会的海报（图3-7）同样是采用了神话形象来传递世博会的好消息。在字体的编排上采用上下出血的编排方式，整个图形画面艺术感强烈，特别是画面中女神形象像是手握月亮一般，有着大空间俯视的效果。随着人物的动态将画面的视觉中心吸引到手里拿着的这个发光体，而顺着这个发光体便可以看到巴黎世博会的建筑。这真是用了非常浪漫的画面色彩和艺术化的情节来渲染世博会的宣传海报的画面。这幅海报的设计在有限的画面空间里创造了一个故事情节，并且将一个动态的人物形象结合在画面的构图中。随着“工艺美术运动”的发展，法国掀起了新艺术运动，在这样的文化推动下，世博会海报设计的艺术性和创造力给世博会平面设计

图3-6　1900年巴黎世博会海报

图3-7　1900年巴黎世博会海报

图3-8 1900年巴黎世博会海报

图3-9 1900年巴黎世博会海报

的繁荣时代埋下伏笔。第三幅1900年世博会海报（图3-8），色彩极其丰富，主图形是一个双手合拢的女子形象，她身后的斗篷向四周散开，远远看去又像是一只张开翅膀的蝴蝶，画面组合形成装饰意味浓郁的女性形象，在画面的右上角“1900”标注了世博会信息，画面的背景色版画效果的色彩丰富，这张海报设计将绘画艺术结合在其中。第四幅1900年世博会海报（图3-9），一群女人在激情狂舞，最近处一个身着黄色长裙，头戴红花的女子披着白色的披风，正跟她身后的几个穿着鲜艳的女子热情的呼应着，舞蹈着。用色彩鲜艳的人物服饰和动感十足的人物动态，营造出热闹氛围的海报画面。海报下方则是采用醒目字体设计的1900年世博会信息。1905年德国的鲁西安・伯恩哈特的海报设计影响了很多设计师。他的“普莱斯特”火柴广告将人们的视野吸引到他的海报上来。简单的图形、平涂的色彩、产品的名称被推到画面的视觉中心。他的海报设计总是能将产品的名称或公司名称，简明扼要地以强烈的色彩对比展现在画面中。这种海报表现方式立刻引起了人们的关注。他的作品风格成为德国商业广告海报的一种模式，后来人们将他的作品评价为二战前对平面设计最重大影响的海报设计。

在20世纪初的巴黎，一系列事件导致了海报艺术界的衰退。1900年，著名海报艺术家切列特（Cheret）决定放弃海报创作，转而投身于绘画艺术。1901年，另一位杰出的海报设计师图卢兹·劳特雷克（Toulouse Lautrec）离世，这无疑给巴黎的海报界带来了沉重的打击。随后，在1904年，阿方斯·慕夏（Alphonse Mucha）离开了他所热爱的巴黎，先是前往美国，然后又定居于捷克斯洛伐克，这使得巴黎的海报艺术界再次失去了一位重要的领军人物。

从1905年开始，曾经引领潮流的新艺术运动也逐渐丧失了其创造力，陷入了创意的枯竭期。然而，就在这个真空期，一位年轻的意大利艺术家莱昂内托·卡皮耶洛（1875—1942年）崭露头角。他注重简单与影响力的结合，赞赏创造即时视觉效果的至上性。他的这一创作理念在1906年他为莫林·奎纳（Maurin Quina）苦艾酒所设计的海报中得到了充分的体现，这一作品不仅为他赢得了广泛的赞誉，更使他被誉为“现代广告之父”。

1915年旧金山世博会海报（图3-10）是为了庆祝巴拿马运河竣工而设计的，可以看到一个全身赤裸的、有着高大身材并有着浑身肌肉的男子用自己和抬起的右腿支撑在右边的山崖上，左肩靠在左边的山崖上，一道曙光从他的前方照过来，这是一个逆光的角度，光线在他身体的右边缘线出现，他的头向他的左下方看去，原来他正在眺望远处的巴拿马运河。海报下方的文字均匀地排列，画面所表现的也正是标题所写的“纪念巴拿马运河”。

图3-10 1915年旧金山世博会海报

（二）现代主义影响下的世博会海报

世界大战打破了人类生活的安定，经济、科学、文化在这一时期迅速发展，海报用装饰性插画，采用平涂色彩的手法，使用夺人眼球的文字来达到商业上的宣传目的。1925年巴黎世博会海报受到原始部落艺术影响，传达出美洲丛林的感觉。图形放在画面中间，顶端和下方分别是巴黎世博会信息的文字注释。这种近似于木刻版画效果和美洲丛林风光结合的手法反映了法国“装饰主义”影响下世博会海报设计的风格（图3-11）。

1926年费城世博会的海报上写着“欢迎来到费城世博会庆祝美国独立150周年”，可以看到美国国旗在海报中多次出现，两位公爵站在一位坐着的贵族小姐两侧，左侧的男士双手敞开举着一个美国国旗，这位贵族小姐手里拽着垂在她腿上的美国国旗。这样一幅在室内的场景，轻松、自然。这届世博会的有声电影、无线电广告等新技术都反映了美国的不断强盛（图3-12）。

“1933年芝加哥世博会海报充满未来主义风格，视觉元素有充满速度感的火车、飞机，有张开怀抱憧憬未来的少女，还有光鲜亮丽的主题建筑。大量的海报作品，内容包括场馆位置图、城市景观、抽象图形等，甚至同一幅海报也包括了夜景灯光、白天、冷暖色调等多种效果。”[1]第一幅1933年芝加哥世博会海报（图3-13），一列火车呼啸着前进，后面是芝加哥城市建筑，有着闪烁的聚光灯，向天空散射，工业进步让这个原先默默无闻的城市变成了众所瞩目的焦点，如同奥斯卡颁奖典礼上的主角。因此，它有理由让世界和它一起庆祝，一个世纪的科学发展和工业技术进步对一座城市，一个国家，甚至整个世界的影响是巨大的。

第二幅1933年芝加哥世博会海报（图3-14），展示了在波光粼粼

[1] 周进，张勇．世博会的商业设计[J]．商场现代化，2008(2):47.

图3-11　1925年巴黎世博会海报

图3-12　1926年费城世博会海报

图3-13　1933年美国芝加哥世博会海报

图3-14　1933年美国芝加哥世博会海报

的水面上是一个梦想的城市、冉冉升起的城市，城市的灯光明亮，远处看去似灯火辉煌的天空。这个将世界文明聚集在这里的理念隐含在这幅鲜艳的彩色海报设计之中。1933年芝加哥世博会的主题是“一个世纪的进步”，可以看出科学技术进步是这届世博会对未来发展的期待。工业和科学这两个让芝加哥迅速发展的产业，联手将芝加哥推向辉煌。芝加哥的企业诞生在一个小村庄，一个前所未有的光明时代到来，让这座城市的事物发展更有舒适性、便利性，也使其与人类福利息息相关的事物相连接。这届世博会把它最壮观的展品展示在世人面前。被人们淡忘的最辉煌的设计就是产品所体现的价值。时代赋予这一届世博会特殊的历史地位。1929—1933年资本主义世界被世界经济危机的阴霾所笼罩，失业率不断增长，很多人处在破产的边缘，世界人民处于水深火热之中。面临经济危机的大环境，当时的设计师将1933年世博会定位为，用芝加哥百年庆典来唤醒美国人民，让美国人民了解自己。世博会展出的工业进步的展品不仅是为了表达一个世纪的进步，而且是讲述了一个利用最基本的科学发现来创造奇迹的故事。

第三幅1933年芝加哥世博会海报（图3-15），呈现出色彩鲜明、动感热闹的芝加哥世博会，“1833—1933年——一个世纪的进步”是这张海报的世博会信息。海报中央是一个站在地球上举着双手舞蹈的女人，她酷似希腊神话里的女神，释义着人类站在高处大步向前，身后是密密麻麻的高楼大厦，一架架飞机从天上飞过，远处灯火辉煌，映得夜晚的天空如白昼一样明亮。

第四幅1933年芝加哥世博会海报（图3-16），作品颜色丰富大胆，激发了人们的想象力，展现了在飞机上度过周末的大胆畅想，速度旅行成为人们的一个梦想。蒙特利安的作品常常使用鲜艳的色彩、直线的切割，从这张海报中能看到现代艺术对海报设计的影响。海报使用蒙太奇手法将几个不可能在一起同时出现的场景和事物综合在海报之中。旋转的螺旋桨、美丽的女子、地球、热闹的城

图3-15　1933年美国芝加哥世博会海报

图3-16　1933年美国芝加哥世博会海报

市、欢快的烟火等，渲染出了世博会庆祝的气氛，充满着热烈和谐的节奏感。

1935年比利时布鲁塞尔世博会反映了当时政治、文化上比利时和很多国家所遇到的困难和困惑时期。1933年资本主义经济危机，让美国等资本主义国家蒙上了一层阴霾，而希特勒即将准备卷起的二战无疑将让刚从一战中淡忘疼痛的人民再次陷入战火的苦难中。两年前的经济危机还没有让人们得到喘息的机会，这个时候布鲁塞尔世博会的召开，让人们暂时从这紧张和剑拔弩张的气氛中脱离，1935年世博会主题“通过竞争获取和平”正是在这样的背景下提出的。第一幅海报中五个人在一个大的地球仪面前商讨着什么，这意味着五大洲的国家想要通过对话，保持和平。第二幅海报的背景色红色和绿色成各执一半的状态，一个人背负着地球艰难地向前走，他被沉重的地球压弯了腰。站在红色和绿色当中，是流血还是和平？这已经让人类

图3-17　1935年布鲁塞尔世博会海报

图3-18　1937年巴黎世博会海报

承受不起的压力，正是那个时代最好的诠释。不足之处便是地球下那个被压迫的人形轮廓线不够明显，使得在远处观看的时候几乎看不到这个形态。这一设计创意运用了幽默的手法，将严肃而沉重的话题变成这样诙谐幽默的表达处理，充分表现了海报设计者对于时代的解读和无奈的嘲讽(图3-17)。

1937年巴黎世博会主题为“现代世界的艺术和技术”，其海报用各个国家的国旗作为背景，前方是一个带有投影的空白人头剪影，这种主图形非常明确的海报设计还是第一次在世博会海报设计中出现。海报用强烈的对比来吸引注意，背景密集、色彩丰富与空白人头剪影的对比让人将视觉注意力放在了画面中心剪影头像里的文字上，直接、快速、简明扼要地将海报的主题信息传达出来。快速传达信息无疑是一幅海报作品最基本也是最重要的要求。从这个角度上来看，这张海报作品是世博会海报中一幅能简洁快速传递信息的作品(图3-18)。

1939年纽约世博会正值二战的爆发，这一届世博会的标志性建筑为圆球和尖角塔建筑，这两个建筑成了这一届世博会标志和海报等宣传中使用的主体元素，第一幅海报就是对这两个建筑的展示(图3-19)。另外两幅1939年纽约世博会海报均以标志建筑为主体，第二幅海报用红色的字标注，画面中暖色色调、色彩明亮的建筑物，在深蓝色的夜幕背景下（更加明显），文字的编排采用了红色，在色调上形成冷暖、明暗的对比（图3-20）。第三幅海报更是在画面中穿插了很多灯光的线条，与下方斜排的文字形成呼应，画面动感十足，富有节奏感，给人留下深刻印象（图3-21）。

（三）多样化的世博会海报设计

二战后，现代主义风格多样化时期的到来让艺术史、设计史进入一个全新的时代。这一时期，欧洲形成了“国际主义”风格，而美国、日本的设计成为欧洲艺术设计中心之外让人关注的焦点。20世纪20年代的“包豪斯”设计引发了一场“少即是多”的理性思考。反对复杂和不必要的装饰，使用抽象的几何形态，“现代主义”风格引

图3-19　1939年纽约世博会海报
图3-20　1939年纽约世博会海报
图3-21　1939年纽约世博会海报

3-19 | 3-20 | 3-21

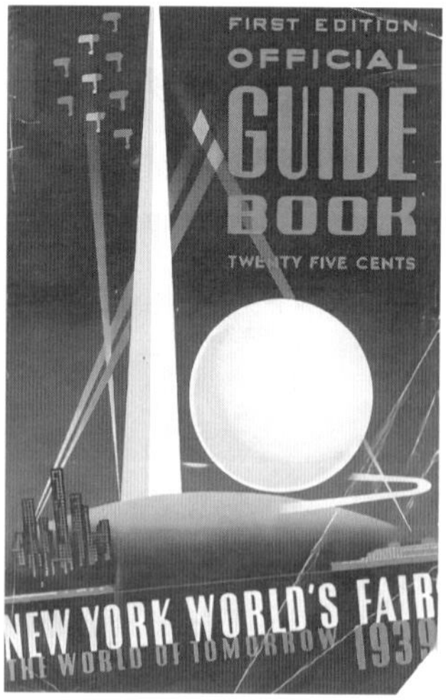

起了设计师们的反响，但20世纪60年代瑞士风格通过简单的网格结构来进行版面的编排让“国际主义”风格变得呆板、毫无艺术的自由和灵动感觉。这让设计师们发现这种弊端影响设计的发展，人们又重新思考新的设计方式。美国在20世纪50年代迅速成长，刮起了“纽约平面设计风”，这是美国继经济、科学飞速发展之后，将设计放到发展的规划上来。这一时期是美国的转型期，也是关键时期，一方面对老牌欧洲艺术设计中心的虔诚学习，另一方面寻找一条适合本土化风格的设计道路。美国波普艺术开始走上历史舞台。著名设计师冈特·兰堡创造了一系列夸张形式的海报作品。他将自己丰富的想象力和先进的蒙太奇摄影技术相结合，作品面貌让人拍案叫绝。这也注入一种新的设计方向，使“国际主义”不再垄断设计风格。而世博会海报中有一些作品也使用了蒙太奇的手法，丰富了画面效果，将信息更好地传达给受众。

1958年比利时布鲁塞尔世博会的召开，也是历史的一个节点，是在一战结束后第一次振奋人心的世博会。新技术带来的乐观情绪试图去改变具有争议的技术进步，在东西方的军事对话中，产生了对原子能利用的争论，强调要和平利用原子能。而这场争论的主角原子能成为这届世博会展览的标志性符号。布鲁塞尔世博会的举办，带给人们和平发展的讯息，人们在战争中留下了痛苦回忆，人文关怀、人类和平相处成了这届世博会的意义和价值所在。有两幅海报是根据1958年布鲁塞尔世博会标志的图形进行的创作。标志像是一个虚幻的飘在空中的物体，整体色彩轻盈，让人有种心旷神怡的感受（图3-22、图3-23）。

图3-22　1958年布鲁塞尔世博会海报

1962年西雅图世博会的主题是“太空时代的人类”。1957年苏联成功发射人造卫星，引发了1958年对原子能的讨论，美国不甘落后，将视线紧盯在外太空上。海报中出现的这个建筑名为太空针，它是本届世博会的标志性建筑。海报展现的是美国西雅图世博会的展场现场，利用文字编排使信息有效传达。工业革命后，众人的目光都停留在大生产上，美国进行大规模的生产，经济不断发展，在经济、政治等方面都进入到世界领先行列。而与此同时，平面设计在欧洲很多国家已经进入成熟阶段（图3-24）。

1970年世博会首次将主题方向投射在对人与自然的关注上。1975年世博会将关注的焦点放在海洋上，主题是“海洋——未来的希望”，从海报设计的用色上可以看出，蓝色代表清澈的大海，

图3-23　1958年布鲁塞尔世博会海报

图3-24　1962年西雅图世博会海报

图3-25　1970年日本大阪世博会海报设计师亀仓雄策

希望冲绳有更加光明的未来。二战后日本经济迅速发展，成为发展势头仅次于美国的资本主义国家。

1970年大阪世博会的海报设计师亀仓雄策（图3-25）是日本现代平面设计的杰出代表。他出生于日本新潟县西蒲原郡吉田町，自幼便展现出对艺术的浓厚兴趣。1935年，他从新建筑与工业美术学院毕业，随后投身于平面设计领域，逐渐崭露头角。20世纪50年代，亀仓雄策的设计风格开始受到关注，其作品中独特的东方色彩为日本乃至世界范围内的海报设计带来了深远的影响。他成功地将平面设计从手工绘画的束缚中解放出来。从亀仓雄策的作品里，我们可以发现许多关于日本文化的痕迹，他的深切理解是：利用本土文化元素和颜色可以提升公众对整体族群的归属感和认可度，并通过融合西式构架技巧实现了文化和全球化的和谐共融。亀仓雄策的设计理念受到了欧美现代主义设计的强烈影响，但他也能灵巧地吸收日本古典美的核心价值。亀仓雄策的设计风格深受西方现代主义设计思潮的影响，同时又能巧妙地融入日本传统美学的精髓。他的作品不仅具有强烈的现代感，更不失日本传统美学的象征性与简洁性。这种独特的设计风格使他在日本乃至全球范围内都获得了极高的声誉，被誉为日本现代平面设计之父。他的设计作品，无论是精神内核还是形式表现，都深深地影响了日本乃至世界范围的设计风格。他将国际简约主义的设计理念植根于以日本为代表的东方文化土壤中，使之生根发芽，并不断地发展壮大，成为东方现代设计具有开创性意义、浓墨重彩的一笔。亀仓雄策设计的1970年世博会海报也正体现了简约风格，亀仓雄策在其青壮年时期正处在“国际风格”时代，受简约主义的影响，在采用现代的形式去传达设计的同时，还将此手法巧妙地与日本传统美学形式相结合，使其作品既具有国际简约特征又不失大和民族特色(图3-26、图3-27)。

二战后，日本制造业的迅猛增长使其跃居为世界第二大经济体，同时文化艺术领域也迎来了崭新的篇章。在广告产业中，设计领域展现出无尽的可能性和发展潜力，使海报设计成为商业艺术的主要表达方式之一。1960年左右，随着日本对国内市场的关注逐渐转移到全球市场，新的经济活动促进了消费者购买能力的显著增强。这个时代的海报设计已经开始向国际化风格转变。为了提高国家的知名度和竞争能力，日本政府大力支持国际间的互动与合作。到了20世纪70年代的中后期，西方发达国家的经济状况出现停滞，然而日本正处于其战后最辉煌的时刻。早在1976年时，日本就已明确把设计领域定位成国家的标准化工业部门，以强调其对经济发展的促进功能。

图3-26　1970年大阪世博会海报

图3-27　1970年大阪世博会海报

到了1970年大阪世博会宣传品的设计时，已经进入了一个发展完善的市场阶段，这标志着艺术家和设计师正在寻找新的视觉传媒方式来将日式传统的审美观与西式的艺术表达手法融为一体，从而使得这些广告作品更具深度且多样化的发展趋势得以呈现出来。

1974年美国斯波坎世博会的海报，出自著名的美国设计师莫里斯·贝勒之手。这位才华横溢的设计师，以其别具一格的设计理念和深入人心的文化诠释，赢得了广泛的赞誉。在当年世博会海报（图3-28）的创作中，莫里斯·贝勒匠心独运，将美国的传统精髓与现代设计理念完美融合，呈现出一幅既彰显美国文化魅力又洋溢现代风韵的海报佳作。他巧妙运用丰富的色彩和简练的线条，生动诠释了美国的自由精神、开放态度和创新思维。莫里斯·贝勒的设计哲学深受“包豪斯”设计理念等现代设计思潮的影响，他既强调设计的实用性和功能性，又追求形式上的创新和审美价值。他的作品不仅具有

图3-28　1974年斯波坎世博会海报

极高的艺术水准，更能触动观众的心灵，引发深思。除了世博会海报，莫里斯·贝勒在平面设计、广告设计、产品设计等多个领域也展现了其非凡的才华。他的作品风格既承袭传统，又勇于创新，展现了他深厚的文化底蕴和独特的设计思维。

由于世界各地频发因环境造成的灾难性事件，终于让人类反思工业发展出现的大规模污染和对大自然的侵害，以及对人类文明将会造成的问题。永井一正设计的1975年冲绳世博会海报（图3-29）展现了日本文化通过对外来文化的吸收和思考，走出有亚洲特色的、有东方特点的日本民族特色风格，将东方文化展现在大众眼前。他巧妙地运用了摄影技术，图底的海平面摄影图片生动地展现了大海的宁静之美。海报上的波浪图案独树一帜，它是由浪花图案、长线条和圆形等元素巧妙地融合而成的。通过从下到上的反复叠加，塑造出了大海汹涌澎湃的视觉效果。永井一正（图3-30）的海报设计作品历经演变，完美诠释了时代与艺术的交融。自20世纪60、70年代开始，抽象几何风格逐步兴起并在20世纪80、90年代发展成为意象手绘风格，最后汇集到了20世纪90年代。

图3-29　1975年冲绳世博会海报

图3-30　1975年日本冲绳世博会海报设计师永井一正

禅意的空寂风格是他在时代结束时的独特体现。这种转变不仅展示了永井一正对于设计的深度理解，也揭示了他成功结合日本传统文化和西式文化的能力。他的海报设计风格开始于跟随当时的流行趋势的几何形式，然后逐渐吸收并融入了西方的设计观念，最后形成了具有日本特点的海报设计。在他刚开始做海报设计时，受到了龟仓雄策抽象构图思想的影响，主要采用几何抽象的形式来表达事物，通过线条、平面等元素构建出了别致的视觉效果。随着时代的变迁，他的设计风格也在不断变化，但始终保持着对设计本质的探索和创新精神。他的作品不仅具有深厚的艺术内涵，更承载着日本传统文化的精髓。他的设计之路充满了探索与尝试，这种勇气和冒险精神让人敬佩不已。永井一正以其卓越的设计才华和不懈的创新精神，为日本平面设计界书写了浓墨重彩的一笔。

图3-31　1982年诺克斯维尔世博会海报

1982年美国诺克斯维尔世博会的主题是“能源——世界的原动力”，太阳球是这一届世博会的标志性建筑。美国一直处于霸主地位，但能源危机却成了美国心头的痛。用火一样的标志代表着能源的燃烧，一个经济大国每天所需要的能源数目惊人，要发展必须依靠更多的资源。在能源问题上的认识，促进了今后对人类爱护环境、保护地球方面认识的进步。海报利用展馆场景和标志性建筑，将世博会标志放大犹如燃烧的太阳，色彩上也是突出了标志这个代表能源的象征意义图形（图3-31）。

（四）当代世博会海报设计

随着电脑在20世纪80年代后的出现，从技术和表现手段的角度来看，视觉传达设计进入了一个新的时代。数字图形的使用像以往的每次艺术运动一样，冲击着之前的设计作品风格，而海报设计在计算机使用中又迅速进步。IBM为1992年塞维利亚世博会开发了一款集成多媒体应用开发设备。塞维利亚世博会主题是“发现的时代”。这届世博会上多媒体应用了新开发的程序，允许游客“手指走”网站，就是我们现在常见的触摸屏，但在当时是一个新开发的技术，游客可以通过这项服务，在网上进行餐馆订餐、交换多媒体信息、阅读新闻等，同时可以将游客的意见在网站上公布和反馈，这也是世博会历史上第一次人机互动。技术革命的成果让人们感受到更多的便利。这次游客的亲身感受，加上使用这个系统的游客人数较多，形成了最早的客服系统。可以从1992年世博会的海报中看到左侧一个巨大的球体由很多个经纬线围合而成，它意味着计算机网络时代的到来，人们将用这个技术建设网络地球。这届世博会上正式展示了这种交互技术的创新。红色的球体和黄色的线条格外惹人注意，同时图形也传达了一种电子产品的感觉（图3-32）。

图3-32　1992年塞维利亚世博会海报

1993年韩国大田世博会以“新的起飞之路”为题，这届世博会的举办旨在给发展中国家一个启示和希望。第一张1993年世博会海报的题目是《发展道路上的挑战》，地球在画面中心，用环绕的虚线和实线结合，色彩斑斓，左上角用小球体组成，与右下角文字形成画面力量上的均衡，而右上角缩小的标志和左下角的1993年世博会的主题语相呼应，画面呈现的是海报设计构图的均衡。线条所组成的红色的光、黄色的光、白色的光，色彩明亮。主图形形成旋转着向外发射的状态，这暗示着韩国将不断地壮大与发展，也与这届世博会主题“新的起飞之路”相呼应。另一张海报的画面主题图形是1993年世博会标志性建筑——大灯塔（图3-33）。与第一张海报有呼应之处的便是同样将线条的美感贯穿于画面的细节之处。蓝色的背景色，蓝紫色的神秘感十足的渐变色的线条，红、黄、白、绿等颜色的曲线闪烁着穿插在灯塔周围，梦幻、绚丽。以“大灯塔”为中心的画面，不断向外发射着电波，向着全球，向着外太空宣告，韩国正在腾飞。韩国举办这届世博会给发展中国家带来了希望和鼓励，也影响了韩国中青年的民族自尊心和民族自豪感。世博会这个大舞台带来了文化、经济、科学、技术的展示和全球商品的同场竞技，也给正在成长的中青年带来了发展的讯息。

图3-33　1993年大田世博会海报

2000年汉诺威世博会主题为“人类、自然、科技——新生的世界”。这一届世博会海报用的是计算机图形合成技术，一双手中捧着掉落的水花，蓝色的背景下有一个干枯的地面。左上角用一个红色的方块和蓝色背景做对比，白色的字反衬在最前面一层。计算机技术介入视觉设计的创作后，世博会海报的面貌发生了变化，不再是以某一届世博会的标志性建筑为主题图形，而是更灵活、更丰富地表达主题（图3-34）。

图3-34　2000年汉诺威世博会海报

2005年日本爱知世博会以“进步与人类和谐”为题，打造一个地球村的概念。海报上日本男女老少一起迈开步伐甩开手向前走，表达出共同进步的意味（图3-35）。左边是“21世纪，日本国际博览会总动员”以及用彩色的手写字体写出“爱知地球博”等文字，其中第二个字变成了一粒发芽的种子。左上角是爱知世博会的标志。色彩清新自然，表意明确。

图3-35　2005年爱知世博会海报

2010年上海世博会海报“空中的城市”（图3-36），以其独特的设计理念和艺术表现荣获征集作品的首奖。该作品以“城市，让生活更美好”为主题，巧妙地将文字与图像融合，形成一幅蓝天白云映衬下的现代都市景象。通过摄影的天空图片与电脑技术的结合，设计师将“SHANGHAI”与城市建筑轮廓图形相融合，使文字仿佛化作一座座高楼大厦，生动地展现了上海作为现代化大都市的繁荣景象。海报中，高耸的建筑之上闪耀着“2010EXPO”的光芒，不仅体现了设计的美感，也精准地传达了世博会的信息。这一设计不仅是对当代海报设计风格的杰出贡献，更是社会文化、科技发展和艺术浪潮的缩影。

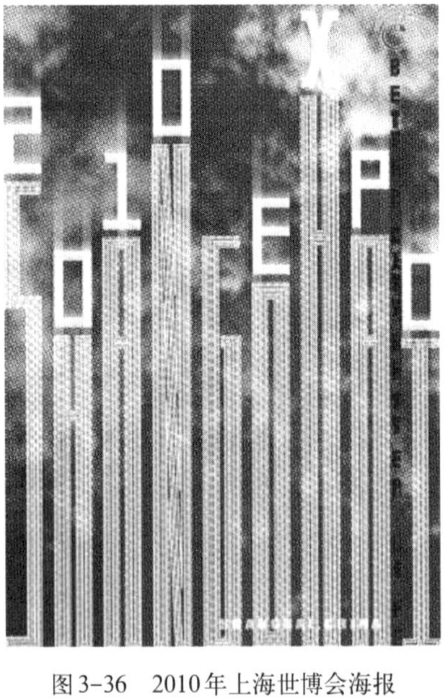
图3-36　2010年上海世博会海报

世博会的海报设计不仅是对主题的直观表达，更是对同时期历史、文化、艺术理解的诠释。从第一届世博会开始，历经一个多世纪的发展，世博会海报设计已成为推动文化发展的重要力量，体现了社会进步与发展的前进目标和人类文明发展的大方向。风格各异的艺术表现形式在世博会海报设计中大放异彩，展现了设计师们的创意与才华。作为人类文化、政治、经济等领域的重要媒介，海报在世博会发展中起到了至关重要的宣传作用。一个多世纪的世博会海报，既是海报文化的历史见证，也是海报设计师时代风貌的展现。

第四章 | 世博会吉祥物设计

一、世博会吉祥物概述

世博会吉祥物，作为文化符号的杰出代表，承载着深厚的文化内涵与象征意义。其设计不仅融合主办国的文化传统与民族特色，通过深入挖掘本土历史、文化和民俗，创造出独具特色的个性化形象，更成为连接国际友谊的桥梁。同时，吉祥物亦体现时代精神与科技水平，以现代造型与科技元素展现主办国在科技、艺术及文化方面的卓越追求与成就。它们通常拥有可爱活泼的形象，寓意和平、友谊、进步与繁荣，传递出世博会所带来的欢乐与温暖，深化了国际间的相互理解与友谊。作为世博会不可或缺的一部分，吉祥物以其独特形象和深刻寓意，展现了主办国的文化、科技与艺术魅力，成为国际友谊的纽带与象征。“吉祥物就是用来表达人们向往和追求吉祥、幸福、和谐、美好等情感、愿望的物象。这些物象被视作能规避灾祸邪祟、获得吉庆祥瑞的某些自然事物和文化事物。吉祥物显示的是人们美好的观念信仰。因此，不同民族、不同文化以自己独特的观念意识、象征体系有着不同的吉祥物。每个承办国根据本国的地域特色、民族精神、象征体系设计出各式各样能体现其民族的吉祥物。”[1]借助现代的信息传递技术和多元化的媒体平台，这些幸运符号得以更快速、更全面地向公众展示，从而进一步推动了它们的普及，扩大其影响力。

“随着动漫文化逐渐深入人们的日常生活，抚慰着忙碌生活中人们的精神世界，以卡通化为主要面貌的吉祥物形象得以更加自然地融入图像信息传播的环境中。这一环境因素使得今日的吉祥物设计与传统的吉祥物设计相比，更加注重视觉形象设计的多样化与多面性。”[2]“对于吉祥物设计需要综合考虑几个学科的知识，将其有益元素提取运用到吉祥物设计中，为吉祥物的设计提供有利的理论基础。”[3]世博会吉祥物，作为城市文化的传播者，以活泼形象与鲜明特色吸引观众目光，传递主办城市的文化魅力和精神风貌。其设计涉及多学科交叉，要求设计师深入挖掘城市文化内涵，结合现代审美与科技，创造既具时代感又富个性的形象。同时，考虑观众心理需求与审美习惯，使吉祥物深受喜爱。

吉祥物不仅是文化符号，更是城市的新名片。通过媒体、商品和文化活动，有效传递城市文化特色与人文精神，增强城市知名度与美誉度。在世博会上，吉祥物更是连接各国人民的友谊桥梁，以可爱形象和深刻故事拉近距离，促进跨文化交流与理解。

“吉祥物作为城市的形象代言人，是城市与民众沟通的桥梁。一个城市的旅游宣传，如旅游纪念品销售等都和城市吉祥物设计密不可分。”[4]“一个好的吉祥物，可以引领观众走进一座城市，了解一个城市的文化以及当地的风土人情。”[5]吉祥物蕴含着丰富的文化内涵，如喜

---

[1] 谭维．浅谈吉祥物的造型设计[J]．艺术百家，1999(4)：118．

[2] 罗琛．信息时代下吉祥物设计的发展趋势研究[J]．包装工程，2021(20)：261．

[3] 许紫薇．浅析品牌吉祥物的设计与应用[J]．大众文艺，2019(3)：83．

[4] 井溶，庞博．基于城市形象传播的吉祥物创新设计研究[J]．包装工程，2020(18)：345．

[5] 曹廷蕾，贺雪梅．潘小虎——潘家园吉祥物设计[J]．包装工程，2018，39(16)：287．

庆吉祥、福寿平安等而备受尊崇。吉祥物不受时间和国界的限制，能够跨越语言障碍和肤色差异，成为全球文化沟通交流的桥梁。它们以形象大使的身份，传播文化、增进友谊、扩大影响力，并促进贸易交流。在带给人们欢乐和喜庆的同时，吉祥物也创造了显著的社会效益和丰厚的经济价值。吉祥物的设计不仅是一种艺术形式，更是文化传播和友谊交流的媒介，具有深远的意义和价值。

“吉祥物不仅在大型国际活动中扮演着重要的角色，而且也在商贸经济交往中尽显风采，是代表企业和商品的一种具有象征意义的图形。”[1]比那些较为抽象的公司标识更为直接、明确、夸大、生动、有趣且富有幽默感。这使得它们更加有效地传递公司的运营观念和个人风格，增强了公司与客户之间的亲密关系，并提升大众对于公司或者产品的信赖程度和赞赏水平，从而成为公司或产品的形象领袖和发言者。世博会吉祥物始终是社会瞩目的焦点，尤其受到广大青少年的热烈喜爱，其市场潜力巨大。“三维数字模型造型设计的介入强化了立体造型特征，尤其对材料质感的探索强化了科技感元素的表达。这一点在最终定稿过程中显得尤其重要，为最终定稿效果奠定了视觉表现基调。”[2]伴随着5G时代和新媒体技术的迅速发展，设计行业正在经历着空前的创新和改革，这也给世界博览会的标志物造型设计带来了新的挑战和机会。吉祥物的设计不仅要遵循传统美学原则，更要善于运用现代技术，以更加鲜活、富有创意的方式展现主办城市的独特形象和文化魅力。

二、世博会吉祥物设计特点

世博会吉祥物，作为国际盛会的标志性符号，其设计集文化精

---

❶ 薛生辉．吉祥物设计的文化内涵与表现特征[J]．装饰，2003(7)：32．

❷ 张文．杭州亚运吉祥物设计对城市形象的认知与表述[J]．中国美术学院学报，2020(11)：29．

神、深远寓意及商业价值于一体。首先，其设计需深度挖掘并展现主办国的文化特色，独具匠心地区别于其他国际活动吉祥物，凸显独特性。其次，吉祥物设计需紧扣世博会主题，通过形象塑造、理念传达、性格设定等方式，生动演绎世博会主题，兼具审美与教育双重价值。

世博会吉祥物的设计应遵循“四好”原则即好看、好懂、好记、好用，为产品开发提供坚实基础。其形象须具备吸引力，易于被大众理解、记忆，并适用于多类衍生产品设计，从而实现商业价值最大化。同时，结合5G时代新兴媒介技术，吉祥物以跨媒介方式传播，既扩大影响力又提升市场价值。

在视觉表达上，吉祥物以其独特的造型与色彩吸引眼球，细节处理亦体现主办城市的文化精髓。综上，世博会吉祥物不仅是文化传播的使者，更是国际友谊的桥梁。其丰富的设计特点与商业价值，为国际盛会增添了独特魅力。

吉祥物是人们对美好愿望的一个寄托之物，使用吉祥物更有亲和力和象征意义。“所谓古祥物，来自英语的“mascot”，就是用以吸引观众的娱乐形象，或者是传说的形象，甚至仅仅是以象征式的标准作吉祥物。”[1]如1970年的日本大阪世博会上的“太阳塔”，它就是一个具有神话元素的吉祥物。大多数情况下，以角色作为象征通常选择的是卡通化的动物主题，然而也有一些体育团队会采用充满压迫感的甚至带有威胁性的标志来吸引观众。这种由网络向三维图像转换的过程，使得原本具有压力感的动物逐渐转化为亲切可爱的小型卡通形象，这已经成为一种世界范围内的发展趋势。

“Seymour D. fair”诞生于美国1984年新奥尔良世博会，他的原型是一只鹈鹕鸟。“Seymour D. fair”身穿蓝色礼服，头戴一顶蓝色的礼帽，俏皮的右脚搭着左脚，有着黄色嘴巴和黄色的腿。蓝色与黄色的撞击，使得吉祥物整体形象活泼可爱。1984年世博会的主题是

---

[1] 王受之．关于吉祥物[J]．美术观察，2019(12)：14．

“河流的世界——水乃生命之源”，该届世博会标志色彩使用蓝色，与象征河流的主题相符合。吉祥物也使用以蓝色为主的色彩，与标志相呼应，还是主题的卡通化形象的代表（图4-1），更加深了人们的印象。

图4-1 1984年新奥尔良世博会吉祥物

（一）文化特色鲜明

世博会吉祥物通常都承载着丰富的文化内涵和主办国的特色。它们可能是以某个传统形象、动物或人物为原型，通过艺术加工和创意设计，展现出主办国的历史、文化、民俗等元素。这种文化特色的体现不仅增强了吉祥物的辨识度和记忆点，也使得吉祥物成为传播主办国文化的重要载体。1970年大阪世博会的“太阳塔”被认为是世博会早期的吉祥物（图4-2）。在1970年大阪世博会主场馆中心，立着一座高约70米、画风诡异的“太阳塔”。这座塔由日本现代艺术家冈本太郎设计，它一共有三张“脸”——顶部的“黄金脸”预示着未来，正前方的“太阳脸”是现在，而背后的“黑色脸”象征着过去。它张开双臂，当年迎接了6800

图4-2 1970年大阪世博会“太阳塔”

图4-3　2010年上海世博会吉祥物

万名游客。“太阳塔”保留在日本世博纪念公园接受参观，已经成为大阪的标志性建筑物。

2010年上海世博会的吉祥物是“海宝(HAIBAO)”，这个名字意为“四海之宝”，寓意吉祥。海宝的设计充满了创意和象征意义，与中国传统文化和现代世博会主题紧密结合。在设计上，海宝以汉字的“人”作为核心创意，体现了中国传统文化中的“以人为本”的思想。同时，它的形象也与上海世博会会徽的设计理念相呼应，进一步凸显了中国的文化特色。蓝色象征着地球、梦境、大海和未来的海宝形象，完美地诠释了“城市，使生活更加美满”这一世博会的核心思想。海宝的形象是一个头发翘起、圆眼含笑、脱胎于中国汉字“人”的蓝色小孩（图4-3）。

“东方美学思想充满了诗意和想象力。中华民族的诗性思维创造了一个富有想象力的蕴含大量情感的影像。时代的文化背景是象征图形生生不息的源泉，中国人自古以来就重视图形的精神内容呈现。”[1]海宝的头发像翻卷的海浪，显得活泼有个性，笑脸卡通化显得友好而充满自信，展示了中国积极乐观、健康向上的精神面貌。圆润的身体展示了和谐生活的美好感受，可爱而俏皮，稳固地站在地面上，预示中国有能力、有决心办好世博会。翘起拇指，是对全世界朋友的赞许和欢迎。双手伸展，显示包容和热情。大大圆圆的眼睛，显示对未来城市充满期待。

海宝的设计不仅具有高度的创意和象征意义，也充分体现了2010年上海世博会的主题和理念。中国传统文化的“有朋自远方来”的内

[1] 李洁．追梦铸魂 2022年杭州亚残运会吉祥物设计概述[J]．中国美术学院学报，2020(11)：46．

涵，代表了中国对来自五湖四海的朋友的热情邀约以及对美好生活的向往和追求。

（二）主题契合时代

吉祥物形象与世博会的主题紧密契合，通过创意提炼、理念阐述等手段，生动演绎了主题的内涵。例如，通过吉祥物的形象展示城市的发展、科技的进步或人与自然的和谐共生等主题，使观众在欣赏吉祥物的同时，也能深刻感受到主题的意义。加拿大1986年温哥华世博会的主题是“交通与通讯”，随着工业革命，机械大生产给人类生活带来大变化，给人们带来的是新通信技术的改变。吉祥物的形象是一个机器人的形态，在设计思潮中超现实主义的理念充分地表现在整个吉祥物的设计上。机器人状的吉祥物，挥动着右手像是在欢迎五湖四海的参展人。胸前的“EXPO86”特别显眼，在白色服装背景的衬托下，代表着商业科技的蓝色“86”显得更具有设计感（图4-4）。1998年里斯本世博会吉祥物“吉儿”（图4-5），由葡萄牙一名画家和一名雕塑家一起构思完成。取这个名字则是为了纪念一位葡萄牙航海家。意大利2015年米兰世博会吉祥物Foody以其原创而积极的形象，生动地诠释了2015年米兰世博会的主题——“滋养地球，生命能源”。受到意大利文艺复兴时期著名画家朱塞佩·阿尔钦博托（Giuseppe Arcimboldo）的启发，Foody以乐观、创新及细腻的情感，将世博会的核心理念展现得淋漓尽致（图4-6）。

图4-4　1986年温哥华世博会吉祥物

图4-5　1998年里斯本世博会吉祥物

图4-6　2015年米兰世博会吉祥物

Foody代表着食物的多样性和社区的凝聚力，象征着食物作为生命和能量的源泉。它由11个不同元素的水果蔬菜组成，每个水果蔬菜都拥有独特的名字和个性。从橙子Josephine到香蕉Gury，再到西瓜Pomina、苹果Max　Maize等，这些角色共同构成了一个丰富多彩的大家庭。虽然它们个性迥异，但团结一心，象征着世界各国的和谐共处与共同应对全球粮食挑战的决心。Foody的形象设计充满创意，它看起来像是一个身披彩衣的球形小丑，由真人扮演但保持着静默。在意大利设计师的巧思下，Foody被赋予了纯粹的水果特质，它通过滚动、摇摆和点头等动作来表达情感，却不会说出人类的语言。这种独特的设计让Foody更具亲和力和趣味性，深受观众的喜爱。

（三）形象可爱生动

为了吸引观众的眼球和喜爱，世博会吉祥物的形象通常都设计得十分可爱和生动。它们可能拥有圆润的身体、大大的眼睛、鲜艳的色彩等特征，让人一见难忘。这种可爱生动的形象不仅符合大众的审美需求，也有助于拉近与观众之间的距离。“将吉祥物形象本身的形态、动作、表情、情节等设计得风趣、幽默，甚至滑稽、可笑，这样的吉祥物形象通常会显得亲切可爱。将吉祥物用卡通、漫画、三维动画甚至加上声光电的效果等手法表现，这种喜闻乐见的形式会使吉祥物形象更加活灵活现、逼真动人。”[1]澳大利亚1988年布里斯班世博会的吉祥物是一个有着蓝色嘴巴的小鸭子。它头戴黄色帽子，身穿黄色衣服，又是一个蓝色与黄色的撞击，只不过这次是以黄色为主，只有吉祥物的嘴部是蓝色（图4-7）。澳大利亚布里斯班鸭嘴兽作为澳大利亚特有的动物，不仅是1988年布里斯班世博会吉祥物的原型，也是2000年悉尼奥运会3个吉祥物的原型之一。

图4-7　1988年布里斯班世博会吉祥物

（四）寓意深刻

世博会吉祥物的设计往往蕴含着深刻的寓意和象征意义。它们可能代表着和平、友谊、进步、环保等主题，通过吉祥物的形象和故事，向观众传递积极向上的价值观和理念。这种寓意深刻的设计使得吉祥物不仅具有观赏价值，也具有教育意义。日本2005年爱知世博会的“森林爷爷”和“森林小子”，是世博会吉祥物出现以来第一次使用“祖孙”的形式。2005年爱知世博会组委会更是将吉祥物的喜好、名字、习惯告知大家，让人觉得它们就是生活在我们周围的灵巧的伙伴，亲切自然。它们是森林的代表，是大自然的象征，请善待它们像善待我们的伙伴一样（图4-8）。

图4-8　2005年爱知世博会吉祥物

[1] 汤晓颖．现代吉祥物设计的特性研究[J]．包装工程，2008(29)：193．

“吉祥物的创作者有时在创作中把注意力彻底放在拟人、卡通化、文化概念等问题上，忘了这个吉祥物是什么专业属性，比如给运动会设计了过于笨重肥胖的形象，以至于在推广中很难传达主题信息。”[1] 2005年日本爱知世博会的标志设计，以简洁素朴的二维线段圆环为核心，强烈传达了绿色环保与自然的核心理念。吉卜力工作室在吉祥物设计上精准捕捉了这一环保理念，创作出“森林小子”与“森林爷爷”这一对“单纯”而“呆萌”的角色形象。尽管初看可能觉得略显简单，但在系统设计的语境下，它们成功地实现了沟通与协作的目标，有效传递了环保与自然的价值观。西班牙2008年萨拉戈萨世博会的吉祥物是Fluvi，正如它所展示出来的样子，它是一个水生物。它是posis家族的一员，晶莹剔透惹人爱。同时也有另一组形象，和Fluvi不同的是，Begas是一个可怜的被污染的水生物。它们以吃掉周围的水生物而存活，很快活泼的水生物就要被这些受污染的水生物所吞吃。用这样形象的手法，表达出大自然被污染的无奈，同时警示人类要保护我们赖以生存的环境。

（五）科技元素融合

随着科技的不断发展，世博会吉祥物的设计也越来越注重科技元素的融合。设计师们可能会运用先进的科技手段，如3D打印、虚拟现实等，来打造更具创意和特色的吉祥物形象。这种科技元素的融合不仅展示了主办国在科技领域的实力，也为观众带来了全新的视觉体验。西班牙1992年塞维利亚世博会上，国际商业机器公司（IBM）开发了多媒体应用开发技术，与主题“发现的时代”相符，让人们在这一届世博会上感受到来自多媒体技术的便利与快捷。这也是世博会历史上第一次人机互动。交互技术登上了世博会的舞台，技术革命的成

[1] 陈楠．建构具有生命力的视觉识别符号——实现IP活化的吉祥物设计[J]．美术观察，2019(12)：19．

果让人们感受到更多的便利。1992年塞维利亚世博会吉祥物的头部和鼻子都是彩虹般的五彩斑斓。计算机时代的到来，让人们可以用电脑来进行图形绘制，这是平面设计新的表现方式。

1992年塞维利亚世博会更注意将世博会平面设计运用在商业上，将吉祥物的衍生产品作为世博会的纪念品出售。1992年塞维利亚世博会吉祥物Curro（库罗），由著名设计师Heinz Edelman精心创作，在众多设计中脱颖而出。Curro的形象是从来自全球15个不同国家的23个设计中精心挑选出来的，其背后蕴含着丰富的文化意涵和设计巧思。Curro的名字来源于安达卢西亚地区对弗朗西斯科（Francisco）人的亲切昵称“Curro”，这一命名不仅体现了吉祥物与西班牙文化的紧密联系，也为其增添了一抹地域色彩。在设计上，Curro被塑造为一种以白色为主基调的鸟类形象，其腿部如大象腿般坚实有力，冠与喙则采用了多种色彩的组合。这些多彩的元素并非随意添加，而是富有深意的象征——5种不同的颜色分别代表着世界五大洲，体现了世博会作为全球性盛会的包容性和多元性。除了视觉上的独特魅力外，Curro的性格特点也深受人们喜爱。它是一个性格开朗、充满好奇心和充沛精力的角色，同时极富感情。这种性格特质不仅让Curro成为一个可爱的吉祥物，也使其成为连接不同文化、不同人群的桥梁。尽管距离1992年塞维利亚世博会已经过去了30多年之久，但Curro的形象依然深深地留在所有世博会参观者的心中。它不仅是那届世博会的象征，更是西班牙文化和世界多元文化的完美结合（图4-9）。

图4-9　1992年赛维利亚世博会吉祥物

韩国举办的1993年大田世博会给发展中国家带来了希望和鼓励，也影响了韩国中青年的民族自尊心和民族自豪感。世博会这个大舞台带来了文化、经济、科学、技术的展示和全球的同场竞技，也给正在成长的中青年带来了发展的讯息。1993年大田世博会吉祥物用手绘插图形式表现，头部有一个通往太空的传输线，身体周围像是被太空的索道循环围绕一样，形象清新，色彩明亮（图4-10）。

德国2000年汉诺威世博会的吉祥物Twipsy是一个卓越的虚拟生物形象，以其独特的创意和深远的象征意义，成为该届世博会的象征性标志（图4-11）。Twipsy的设计精妙地融合了人类多样性与包容性的理念，通过一只“男人的脚”和一只“女人的脚”象征人类社会的多元与融合，同时其夸张的大手则彰显了科技发展的力量，表达了人类与自然和谐共生的愿景。色彩方面，Twipsy采用了丰富多彩的色调，不仅展现了人类文化的多样性和丰富性，也象征着世博会的繁荣与多彩。这一设计灵感源于对“人类-自然-科技-发展”主题的深入解读，充分体现了该届世博会的核心理念。

作为继1958年布鲁塞尔世博会后德国再次举办的盛会，2000年汉诺威世博会借助Twipsy这一吉祥物，成功地向全世界展示了人类与自然、科技和谐共生的可能性。Twipsy的设计不仅为世博会增添了欢乐与活力，更赢得了广泛的赞誉，成为该届世博会的一大

图4-10　1993年大田世博会吉祥物

图4-11　2000年汉诺威世博会吉祥物

亮点。Twipsy是由西班牙著名艺术家贾维尔·马里斯卡尔（Javier Mariscal）设计的。贾维尔·马里斯卡尔（图4-12）19岁时就在瓦伦西亚展出他的第一个漫画人物形象“小马先生”，在艾丽萨瓦学校就读时创立了他的第一本漫画杂志，曾举行名为“大饭店”和名为“与Mariscal的100年”的个人作品展。除了2000年汉诺威世博会吉祥物外，之前1992年西班牙巴塞罗那奥运会的吉祥物Cobi，一只既像山羊又像小狗的动物，也同样是这位设计师的手笔。他通过巧妙的构思和创作，将世博会的主题“人类-自然-科技-发展”融入到了这个色彩斑斓的小精灵形象中。Twipsy的设计不仅富有创意，而且具有很强的象征意义，能够引起人们的共鸣和思考。贾维尔·马里斯卡尔的出色设计使得Twipsy成为该届世博会的一大亮点，赢得了广泛的认可和赞誉。

图4-12　2000年汉诺威世博会吉祥物设计师

2020年迪拜世博会的吉祥物家族以其独特的形象设计，生动展现了阿联酋人民热情好客的精神。吉祥物家族的核心成员是一棵名为萨拉玛（Salama）的神奇牧草树，它宛如守护神般，照看着两个活泼可爱的阿联酋孩子——充满好奇心的八岁女孩拉蒂法（Latifa）和她九岁的弟弟拉希德（Rashid）。这一家族还有三位特别的成员——三个机器人Opti、Alif和Terra，它们不仅为吉祥物家族增添了科技感，更分别代表着世博会的三个副主题：机遇、移动性和可持续性。这三个机器人与拉蒂法和拉希德一同在世博会的各个角落展开了一系列冒险故事，这些故事以短片的形式呈现，吸引了无数观众的目光（图4-13）。

图4-13　2020年迪拜世博会吉祥物

2019年9月26日，2020年迪拜世博会吉祥物在迪拜世贸中心揭幕，其鲜明个性与独特叙事迅速捕获了公众目光，精准呼应“沟通思想，创造未来”的核心主题，并借由机器人形象巧妙传达世博会的副主题。展会期间，特斯联部署的150余台智能机器人与吉祥物Opti共同为游客提供智能化服务，利用多模态交互、5G、AI等技术，营造前所未有的互动体验。2020年迪拜世博会于2020年10月至2021年4月举办，占地约438公顷，聚焦移动性、可持续性与机遇，展示充满创意的未来世界。

在现代社会，面对竞争压力与精神需求，商品与服务的人性化设计理念日益重要。吉祥物以其独特生命力为人们带来情感互动与共鸣，突破传统标志的局限，为心灵注入温暖与活力，成为流行文化的重要元素。美国迪士尼的米老鼠与唐老鸭是人性化设计的典范，其多变造型与智慧幽默赢得大众的喜爱。吉祥物的吉祥性亦是其魅力所在，它不仅是艺术再现，更是人们对美好愿望的寄托。澳门回归吉祥物“燕子”便是吉祥、喜庆的象征，生动地诠释了历史盛事。

“城市吉祥物设计通常以具有地方文化特色的建筑景点、城市特产、市花市树等为原型，塑造出符合大众审美并且有较高辨识度的角色形象。目前城市形象宣传多集中在标志、海报等平面表现形式上，城市吉祥物形象设计较少。”[1]吉祥物还具备强烈的象征性，通过图案形象传递求福、长寿等寓意，表达人们对美好生活的向往。如台湾糖业公司的“小红牛”，其坚韧勤劳的形象象征企业诚信务实的理念，赋予企业形象更多的层次。随着时代演进，吉祥物将持续融合现代审美与文化元素，以独特视觉语言传递真挚祝福与美好愿景，展现动人魅力与时代精神。“吉祥物设计相对于平面表现形式来讲，更富有人

[1] 井溶，庞博．基于城市形象传播的吉祥物创新设计研究[J]．包装工程，2020(18)：346．

情味，更容易被大众接受与铭记。在吉祥物的设计上可以将地方文化特色元素直接运用在造型的选材上。”❶

世博会吉祥物设计作为视觉传播的有力补充，强化了标志与海报等宣传手段的效果，使观众深刻铭记其可爱形象与所承载的主题内涵，引发深度思考。这一独特的传达方式具有显著的积极影响，通过伴随游客返家，吉祥物成为富有意义的纪念品，不仅促进了文化的广泛传播，还推动了世博经济与文化产业的繁荣发展。

三、世博会吉祥物的设计创意

（一）世博会吉祥物设计理念

第一，人性化与情感连接。吉祥物通常被设计为具有人性化特征的形象，旨在与受众建立情感连接。通过赋予吉祥物可爱、亲切或有趣的特质，能够更容易地触动人们的心弦，从而在品牌和消费者之间建立牢固的情感纽带。第二，代表性。吉祥物是品牌、活动或机构的象征，它应该能够准确反映所代表实体的核心价值和特点。吉祥物的设计要与品牌形象相一致，使人们一看到吉祥物就能联想到相应的品牌或活动。第三，简洁易识。吉祥物的设计应简洁明了，避免过于复杂或模糊不清的元素。这样的设计不仅易于识别和记忆，还能在各种媒介上有效传达信息。第四，独特性与创新性。吉祥物应具有独特的视觉特征，避免与已有的吉祥物过于相似。同时，设计时应注重创新性，使吉祥物在众多形象中脱颖而出。第五，可扩展性与适应性。吉祥物应能够适应不同的媒介和尺寸，无论是在印刷品、数字媒体还是实物产品上，都应保持良好的视觉效果。此外，吉祥物的设计还应具有一定的可扩展性，以便在未来根据需要进行适当的调整和变化。第

❶ 刘崇伟，吴栎楠．由吉祥物“鹿鹿”的设计浅谈卡通吉祥物在大型活动中的应用[J]．艺术与设计：产品设计，2017，2(6)：45-47．

六，文化敏感性。在设计吉祥物时，需要考虑到文化差异和受众的接受度。吉祥物的形象、颜色和动作等都应该避免触犯特定文化或宗教的禁忌，以确保其在全球范围内被人们广泛接受和喜爱。

吉祥物的设计理念是创造一个与品牌紧密相关、易于识别、具有独特性和创新性、能够适应各种媒介和尺寸且对文化差异敏感的形象。通过这样的设计，吉祥物能够有效地传递品牌信息，增强品牌的认知度和亲和力。“吉祥物恰恰是被赋予了生命的符号，它们可以通过更换服饰、参与新事物、结合流行的设计语言等方法保持自我更新。这种生命化的设计理念渐渐成为符号设计的趋势。”[1]在设计吉祥物时，关键的影响因素和理念需要充分考虑。在设计之初，我们需要对吉祥物的原型进行深入的探索。探索中不仅要对其外在形象进行考量，更要从其秉性、文化背景、历史传承和内在意义等多方面进行综合归纳。通过全面的了解，我们能够找到最具表现力和创新点的元素，进而为吉祥物的设计提供有力的创意支持。我们在吉祥物的视觉展示方面寻求简约的设计风格、独特的个性与颜色。运用如夸大姿态表情等艺术技巧来增强其视觉效果，目的是塑造出引人注目且令人难以忘怀的作品。

（二）世博会吉祥物设计定位

世博会吉祥物的设计定位，应当紧密结合人们对美好生活的向往与追求，以及举办地的文化传统与特色。

文化寓意与象征。吉祥物应融合举办城市或国家的文化元素，体现其深厚的历史底蕴和文化内涵。例如，可以采用类似于中国“龙”这样具有深厚文化背景的形象，或者巴西“犰狳”这样具有地域特色的动物形象。这样的设计不仅代表了举办地，还能引起观众的共鸣，

[1] 陈楠．建构具有生命力的视觉识别符号——实现IP活化的吉祥物设计[J]．美术观察，2019(12)：20．

激发他们对美好生活的向往。

美好愿望的象征。吉祥物的设计应能够传达出人们对吉祥、美满生活的追求，以及对未来的美好愿望。其形象可以活泼、可爱，色彩可以明亮、鲜艳，以营造出积极向上的氛围。通过这样的设计，吉祥物可以成为人们心中的希望与祈愿的象征，进一步加深观众对世博会的印象。

保护与平安的寓意。吉祥物除了传达美好愿望外，还应具有保佑平安、祛邪的寓意。在设计中，可以融入一些具有保护意义的符号或元素，如中国传统中的“福”字、巴西文化中的保护神等，使吉祥物在形象上更具神秘感和力量感。

与世博会主题的关联。吉祥物应与世博会的主题紧密相关，其设计元素和理念应与世博会的核心理念相呼应。例如，如果世博会的主题是“城市，让生活更美好”，那么吉祥物可以设计成与城市生活、环境保护等相关的形象，以体现这一主题。

创新性与互动性。吉祥物应具有创新性，其设计应独树一帜，能够吸引观众的眼球。同时，吉祥物还应具有互动性，能够与观众产生良好的互动和共鸣。例如，在世博会期间，可以设置与吉祥物相关的互动环节，让观众有机会近距离接触和了解吉祥物，从而增加世博会的趣味性和吸引力。

世博会吉祥物的设计定位应兼顾文化寓意与象征、美好愿望的象征、保护与平安的寓意、与世博会主题的关联以及创新性与互动性等多个方面。通过这样的设计，吉祥物不仅能够传达世博会的核心理念和信息，还能够深入人心，成为世博会的一大亮点。

2010年上海世博会吉祥物“海宝”是一个外星人形象，有着大大的脑袋、弯曲的身体和灵动的眼睛，外形充满童趣和未来感。身体上的鳞片和花纹代表各种文化和科技元素的融合。“海宝”寓意参展国家和地区的文化和科技交流，同时也象征着未来世界的无限可能性。它代表着新生事物，具有无限的想象力和创造力。2020年迪拜世博会中华文化馆吉祥物是“唐韵和沙朵”，唐韵是一只大熊猫，沙朵是一头狮子。大熊猫是中国的国宝，狮子则在中东文化中备受尊崇。吉祥物设计可爱，充满亲和力。唐韵代表中华文化的精髓，沙朵则象征阿拉伯文化的力量与尊贵。两者结合，体现了中华文化与阿拉伯文化的交流与融合。这些吉祥物都各具特色，不仅可爱动人，还承载着深厚的文化内涵和世博会的核心理念。它们的设计都充分考虑了与世博会主题的关联性，以及吸引观众、传递美好愿望的目标。

（三）世博会吉祥物设计方法

“吉祥物的设计是与受众心理需求紧密相关的，在嘈杂缤纷的社会环境中，在激烈繁忙的现代快节奏的社会生活中，人们更加需要心灵的慰藉，所以吉祥物的设计在未来视觉识别系统中的地位会继续提高，也必将发挥更大的作用。我们应该改变吉祥物是附属于标志设计的陪衬的思维范式，应该把它理解为具有生命力的标志识别。建构一个能够顺应时代发展的识别系统，吉祥物可能是最有效的设计要素。”[1]设计和开发吉祥物的过程应以系统的思考为基础，同时涉及徽标、字形等元素。设计的各个元素如空间和时间必须互相协调。生命力充沛且有活力象征着吉祥物的存在，这使得其更接近于目标消费群体，并与其所代表的简约化、平面化的标志设计形成对比。相比之下，吉祥物展现出更多的灵活性和故事情节的可能性。

1. 吉祥物造型设计

世博会吉祥物作为世博会的重要象征之一，其造型设计是展现世博会主题、文化和精神的直观方式。吉祥物造型设计的首要任务是深入理解并体现世博会的主题。设计师需要从主题出发，寻找与之相契合的元素和形象，确保吉祥物能够直观地传达出世博会的核心理念和

---

[1] 陈楠．建构具有生命力的视觉识别符号——实现IP活化的吉祥物设计[J]．美术观察，2019(12)：20．

愿景。同时，设计应考虑到吉祥物在宣传、推广和互动中的作用，确保其在各种场合下都能发挥积极的作用。

在创意构思阶段，设计师需要展开头脑风暴，挖掘与世博会主题相关的元素和符号。这些元素可能来源于世界各地的文化、历史、自然等，也可能是一些具有象征意义的物品或形象。设计师需要将这些元素进行组合和变形，创造出既符合主题又具有吸引力的吉祥物形象。在形象设计阶段，设计师需要将创意构思转化为具体的形象设计。吉祥物的形象应该简洁明了、易于识别和记忆。还需要注重细节处理，使吉祥物形象更加生动、有趣和富有表现力。同时，设计师还需要考虑吉祥物的动作、表情和姿态，以增加其互动性和趣味性。

色彩是吉祥物设计中非常重要的一环。设计师需要选择与世博会主题和形象设计相符的色彩。色彩不仅能够影响吉祥物的视觉效果，还能够传达出特定的情感和氛围。设计师需要考虑色彩在不同文化和市场中的接受度，确保吉祥物能够被广泛接受和喜爱。世博会是一个全球性的盛会，吉祥物的设计应体现多元文化的融合。设计师需要在设计中融入来自不同国家和地区的文化元素和符号，使吉祥物具有全球性和包容性。通过文化融合，吉祥物不仅能够更好地传达世博会的主题和精神，还能够促进不同文化之间的交流和理解。

设计吉祥物时，还需要考虑其在不同场合和媒介下的适应性。吉祥物应能够灵活地适应各种尺寸、比例和颜色方案，以便在各种场合下都能够发挥积极的作用。同时，设计师还需要预留足够的延展空间，以便在未来进行更多的创意设计和应用。

2. 五官表情设计

“吉祥物设计往往存在千篇一律的现象，五官表情设计比较僵化，五官形式也大致相同，多数采用拟人化的表现形式。对于吉祥物设计，应该着重表现其内在神韵，这种神韵的传达依靠的应该是去除模式化的设计后保留下来的能够表达内在精神状态的简约线条。”[1]吉祥物五官表情设计是吉祥物整体形象中至关重要的一部分，它能够直接传递吉祥物的情感状态，与观众产生情感共鸣。在五官造型设计的时候突破传统模式，探索新的表现形式是至关重要的。通过引入新颖的视听符号来颠覆传统规则，例如在创造吉祥物形象时选择保持单眼状态，可以在特定的环境中强调出角色与人之间的区别，进而更高效地引起公众的关注。比如，我们可以从日本动漫中的吉祥物设计来看，他们独特地放弃了传统的面部特征组合，像三丽鸥公司推出的Kitty猫，它有着双眼和鼻子，却没有口部的存在。

这种新颖的设计不仅成功吸引了全球观众的瞩目，更赋予了角色独特的象征意义。缺乏嘴巴的设计使Kitty猫的表情恒定，传递出永恒快乐的信息；同时，也暗示了日本文化中“少说话，多做事”的特质，象征着品牌对于问题的主动解决与服务的全面周到。这种设计哲学既满足了观众的审美需求，又深刻体现了文化特色与品牌理念。

具体来说，眼睛是表达情感最直接的器官。在设计吉祥物的眼睛时，可以根据吉祥物的性格和情感状态来设定眼睛的形状、大小和位置。例如，大眼睛可以表达活泼和好奇，眯起的眼睛可以表达友善和亲近，而瞪大的眼睛则可能表达惊讶或愤怒。眼珠的位置、眼眶的宽度和高度等细节也可以用来传达不同的情绪，如向上看可能表达期待或好奇，向下看可能表达害羞或失落。

眉毛在表情塑造中起着关键的作用，它通常与眼睛的变化相辅相成。眉毛的形状、弧度和粗细都可以影响表情的整体效果。例如，弯弯的眉毛可以表达快乐和友善，而紧锁的眉毛则可能表达愤怒或不安。虽然鼻子在表情表达中的直接作用相对较小，但它仍然是吉祥物面部的一个重要组成部分。设计师可以根据吉祥物的整体风格和情感

[1] 井溶，庞博．基于城市形象传播的吉祥物创新设计研究[J]．包装工程，2020(18)：346-347．

需求来设计鼻子的形状和大小。如一个大鼻子可能使吉祥物看起来更加可爱和憨厚，而一个小巧的鼻子则可能使其看起来更加精致和优雅。

嘴巴是表达情感和言语的关键器官。在设计吉祥物的嘴巴时，需要考虑其开口程度、嘴角的方向和牙齿的展示程度等因素。例如，嘴角上扬的嘴巴可以表达快乐和满意，而嘴角下垂的嘴巴则可能表达悲伤或不满。牙齿的展示程度也可以影响表情的整体效果，如露出牙齿的笑容通常更加灿烂和亲切。

耳朵在吉祥物设计中通常起到增加可爱度和亲和力的作用。设计师可以根据吉祥物的整体风格来设计耳朵的形状、大小和位置。例如，大耳朵可能使吉祥物看起来更加可爱和活泼，而小耳朵则可能使其看起来更加精致和优雅。

在设计吉祥物的五官时，需要注意整体的协调性和一致性。五官之间的比例、位置和形状应该相互呼应、相辅相成，形成一个和谐统一的整体形象。同时，还需要考虑吉祥物的性格和情感状态，确保五官表情能够准确地传达出吉祥物的情感和意愿。

3. 动态设计

“象征性的形态是一种沉默的话语，它反映了内心的感情状态，受到各种情绪与感官的影响。在吉祥物的内心特征表达上，除了表情和动作语言之外，身体的姿势设计也是一个重要的表达方式。”[1]“吉祥物作为城市形象的精灵，代表着一个城市的活力。因此我们设定吉祥物的动态，无论表情神态还是肢体语言，无论单人动作还是群体动作，在很大程度上是为了体现其精神内核。”[2]在吉祥物设计的初期阶段，我们首先要确立其基础视觉形象和定义，从而规范其核心造型。

---

[1] 井溶，庞博．基于城市形象传播的吉祥物创新设计研究[J]．包装工程，2020(18)：346-347．

[2] 张文．杭州亚运吉祥物设计对城市形象的认知与表述[J]．中国美术学院学报，2020(11)：33．

这包括精确描绘吉祥物的外形特征，确保尺寸比例的协调与和谐，以及选择与其主题相契合的基本色彩。此外，我们还需要深入挖掘吉祥物的精神内涵，通过这一内涵来塑造其独特的性格特征和风貌。这样，吉祥物不仅能够在视觉上给人留下深刻印象，还能在情感上与人产生共鸣，成为连接品牌与受众的桥梁。在吉祥物基本造型的基础上，我们需要进一步规范其多种造型形象的运用。这涉及根据吉祥物所代表的行业特性及其固有的形象特点，来设定一系列丰富多样的情景和情节。这些设定包括吉祥物在不同状态下的动态表现、多样化的表情变化以及参与活动时的具体情节等。通过这样的规范运用，我们能够使吉祥物在各种场合下都展现出鲜活的生命力，更加贴近受众，传递出品牌的独特魅力和价值观。

现在正处在一个全球化的网络时代，科学技术正在快速进步，新的时代的显著特点是各国共同寻求发展的新阶段。在这个东西方的文化和思想相互交融的时期，我们更有责任去珍惜和保护中华传统文化的根基。在我国悠久的历史长河中，可以清楚看到那段璀璨的光辉历程，它展示了我们这个民族深厚的创造力。而对于当代的设计师来说，他们经常会把吉祥物融入品牌的形象或重大活动中，因此它们必须具备独特的个性和明确的信息传递能力，以便更好地表达其核心内容。

4. 借助虚拟现实（VR）和增强现实（AR）技术

"随着计算机技术的发展，吉祥物设计已经开始从二维平面走向三维立体的表现形式。这里的三维立体主要指的是利用材质表现角色的服装质感。"[1]"虚拟现实技术的出现，让角色与人的互动交流成为可能。"[2]在现代设计中，吉祥物的塑造已融入VR/AR技术与先进的人机交互程序，赋予了其前所未有的互动性与多功能性。这些城市的象

---

[1] 谭斯瑞．中国传统吉祥物交互应用设计研究[D]．北京：清华大学，2017．

[2] 井溶，庞博．基于城市形象传播的吉祥物创新设计研究[J]．包装工程，2020(18)：348．

征性物体不仅能在现实世界中与人们进行真实的互动交流，还可以在网络平台上与观众进行即时的交流，展示其歌唱、舞蹈、主持等多样化的才华。尤其引人注目的是，观众在使用VR技术进行赛事观看时，通过深度应用VR眼镜，即使身处比赛现场，也能亲眼看见吉祥物与观众的热烈互动，仿佛置身其中。

“尝试将吉祥物身体的羽毛纹理设计成数字化的图形，以象征科技之光，提升人类绿色智能的生活品质。历史与现代、国内与国际相结合，形成时空的穿越与跨时代的交流。”[1]吉祥物设计须满足多项核心要求：首要在于其对活动主题的深刻适配性，此为其存在的基石；其次，需展现独特的文化与历史特色，与本土历史文化相得益彰；再者，设计的创新性至关重要，是其脱颖而出的关键；还须具备对公众的广泛亲和力，无障碍的沟通是其被认可与接纳的前提；最后，应具备丰富的衍生潜力，这是实现商业化价值的必要条件。这些要求共同构成了吉祥物设计的文化意涵与美学追求。

“吉祥物的传播属于大众流行文化范畴，因此针对它的研究既要立足于商业范畴，更要对消费者不断变化的心理认知、消费习惯、审美情趣进行相应的思考。”[2]吉祥物的主题、含义以及展现方式深深扎根于本民族的传统文化和生活习惯中。在社会背景和生产的变迁过程中，这些因素在平面设计领域有着重要的作用。深刻地认识到吉祥物的特性及其规则对它的设计和规划来说是至关重要的。随着社会文化和生活的快速变化，吉祥物已经成为当代设计艺术的主要代表，而它们的创造力和设计观念也将会逐步发展并变得更加完美。科技的飞速提升使得吉祥物的设计有了更多创新和多样化的表达方式。所以，现代吉祥物设计会在社会实践中继续发展，朝着更新更好的方向前进。

吉祥物作为视觉艺术的代表，其设计具有很高的艺术审美价值。

---

[1] 李洁．追梦铸魂 2022年杭州亚残运会吉祥物设计概述[J]．中国美术学院学报，2020(11)：46．

[2] 罗琛．信息时代下吉祥物设计的发展趋势研究[J]．包装工程，2021(20)：261．

从色彩搭配到造型设计，从动作演绎到表情刻画，都体现了设计师的巧思妙想和艺术造诣。这种艺术审美性不仅提升了吉祥物的观赏价值，也使其更具吸引力。世博会吉祥物作为世博会的重要符号和文化标志，需要易于传播和推广。因此，吉祥物的设计通常都简洁明了、易于识别，方便在各种媒体和场合进行宣传和推广。同时，吉祥物的名称和形象也通常具有朗朗上口、易于记忆的特点，有助于增强其在公众中的知名度和影响力。

第五章 | 世博会邮票设计

一、世博会邮票的由来及发展

世博会邮票，作为世博会的专属文化产物，兼具邮资功能与文化、艺术及历史传承的多元价值。其设计精湛，主题鲜明，色彩丰富，不仅诠释了世博会的核心理念、科技突破和文化多样性，更成为收藏家和爱好者争相收藏的艺术珍品。世博会邮票的历史可追溯至19世纪中叶的首届世博会，尽管当时尚未有专门为此设计的邮票，但这一盛事为此后世博会邮票的发行奠定了基石。美国1893年芝加哥世博会开创了世博会邮票的先河，标志着这一独特文化现象的形成。自此，每一届世博会均通过其独特的邮票设计，记录历史、展现发展，并反映人类社会的进步与变迁。世博会邮票的设计风格与技术手段随时代演进不断革新。从早期简单的图案与色彩到现代设计中融入的数字化、环保与互动性元素，这一演变不仅映射出设计学科的发展轨迹，更深刻反映了人类审美观念与认知的演进。作为世博会的重要纪念品，世博会邮票的起源与世博会的发展历程紧密相连。1893年芝加哥世博会推出的《哥伦布发现美洲400周年》纪念邮票是全球首套世博会邮票，开创了世博会邮票文化的全新时代。这些邮票以精美的设计、丰富的文化内涵，向世界展现了世博会的独特魅力，成为研究世博会历史与文化的重要资料。

随着世博会的日益发展，世博会邮票的发行愈发多样化和专业化。每届世博会都通过其独特的邮票设计，向全世界展现各自的文化与科技成就，见证人类文明的进步与发展。1840 年英国出版发行了第一枚邮票，从此邮票便出现在人们的日常生活之中。而这枚被称为“黑便士”的水墨印刷邮票（图5-1），是由罗兰·希尔设计的。该邮票以维多利亚女王的侧身像浮雕为主体，四周标注着文字，左右两边则有维多利亚时代的装饰纹样。邮票从诞生之日起，起到的功能作用是支付邮资，后来发展出的纪念邮票则是为了记录、纪念历史上的大事件。在世博会邮票的发行历史上，一直到1893年芝加哥世博会时，才有了世界上第一套世博会邮票，世博会邮票就属于纪念类邮票。从1987年发行的“维多利亚女王登基150周年”邮票（图5-2、图5-3）可以看出，世博会纪念邮票将一个多世纪的世博会发展史和人类不同时期经济、政治、文化的历史性的瞬间画面记录在邮票票面上。

5-1 | 5-2 | 5-3

图5-1 1840年“黑便士”邮票

图5-2 1987年“维多利亚女王登基150周年”邮票

图5-3 1987年“维多利亚女王登基150周年”邮票

邮票设计的版面结构由五个部分组成：面值、票面主题、发行国家、发行时间、邮票编号。在世博会邮票的正式发行前，一些非世博会官方的邮票也记录了那个时代的特色。浮世绘是日本的一种风俗画及版画，参加了1867年巴黎世博会，受到艺术界的欢迎和关注。图5-4是以著名的浮世绘“神奈川冲浪里”设计的邮票。

图5-4　1867年“神奈川冲浪里”邮票

“1870年，奥地利贸易协会递交了申办世博会的提议并向奥地利政府保证提供500万盾资金。这届世博会的指导思想是和平与进步。”[1] 1873年维也纳世博会的举办，旨在重塑并提升奥匈帝国的国际形象。该届世博会原定于1859年举办，但因与法国的战争冲突及国内社会经济的动荡而被迫推迟。1873年，正值约瑟夫皇帝加冕25周年庆典之际，奥匈帝国抓住了这一历史契机，通过举办世博会向世界展示其国家实力与近期取得的显著成就，从而成功地借助这一国际平台提升了自身的国际影响力与地位。1873年发行的相关邮票有约瑟夫皇帝加冕25周年纪念邮票（图5-5）。在1873年维也纳世博会上，奥地利展示的玻璃器皿、陶瓷器皿和金属制品等设计独具特色，因此发行了奥地利玻璃器皿纪念邮票（图5-6）。1876年费城世博会美国百年

图5-5　1873年约瑟夫皇帝加冕25周年纪念邮票

图5-6　1873年奥地利玻璃器皿纪念邮票

[1] 李近明．永恒的记忆——从邮票、明信片和纪念章看精彩世博历史[M]．上海：上海教育出版社．

图5-7　1876年费城世博会美国百年独立纪念邮票

独立纪念邮票，突破了方形的外轮廓。为庆祝美国独立100周年，以及费城世博会的举办，美国邮政部门发行了纪念邮资封。其设计特点是邮资封上印有邮票图案，通常呈盾牌形，上有“1776”字样代表美国独立年份，中间有骑马飞驰的信使和火车图案，寓意古代和近代邮政的邮运方式。邮票主图用钢模冲压呈现凹凸浮雕状，具有极高的艺术价值和收藏价值。这种纪念邮资封不仅具有邮政功能，还承载了美国独立100周年的历史意义，是邮票收藏品中的珍品。同时，它也间接反映了1876年费城世博会的盛况和时代背景（图5-7）。

第一枚世博会邮票在1893年芝加哥世博会上为纪念哥伦布出版发行，这套邮票共16枚，名为《哥伦布发现美洲400周年》（图5-8）。1893年，芝加哥举办了规模盛大的世博会，为纪念这一盛事以及哥伦布发现美洲新大陆400周年，美国邮政发行了这套特殊邮票。该套邮票以哥伦布发现美洲新大陆为主题，具体面值、刷色和图案丰富多样。图案采用藏于西班牙和意大利博物馆中的世界名画，具有极高的艺术价值和历史意义。从邮票画面可以看出，左起第一横排第一张邮票描述的是哥伦布发现了陆地，邮票面值为“1”；第二张纪念邮票描绘的是哥伦布登上发现的美洲大陆，邮票面值为“2”；第三张青绿色邮票主题图案是哥伦布的舰艇行驶在海面上，也是哥伦布第一次出航，形只影单的一艘船，面值为“3”；第四张邮票则展示哥伦布舰队航行的画面，主题图形是哥伦布第二次出发，面值为“4”。第二横排左起第一张褐色邮票是博物馆的名画，面值为“5”。第二排第二张邮票描绘的是哥伦布骑着马凯旋，第三张邮票描绘的是哥伦布求助伊莎贝拉女王，第四张是巴塞罗那欢迎哥伦布。第四排的第三张主题图案是伊莎贝拉和哥伦布的头像，最后一张是哥伦布像的邮票画面。这一套世博会邮票都是横式构图，画面色彩较为丰富，主

图5-8 1893年《哥伦布发现美洲400周年》纪念邮票

题图案跟世博会主题相符。这套邮票的发行不仅开启了世博会邮票的先河，也为后来的世博会邮票设计提供了重要的借鉴和参考。这些邮票设计精美，充满历史感，每一枚都是对哥伦布探险精神的致敬。

世博会邮票与世博会相辅相成，一同展现了经济繁荣、生活丰富和艺术创新的魅力。自从1893年世博会邮票首次发行以来，这些邮票一直忠实记录着每届世博会的盛况。它们如同一扇扇窗口，让我们能够窥见世博会的历史脉络。在方寸之间，世博会邮票为我们提供了一个独特而客观的视角，让我们能够跨越时空的限制，感受不同国家和文化背景下的世博会风采。我们可以从全球各地发行的世博会邮票中，将其划分为常规邮票、纪念邮票和个性化邮票等多种类型。这些邮票如同一部丰富的历史长卷，从侧面反映了世博会的历史变迁，展现了人类文明的辉煌成就和不断追求进步的精神。

在世博会邮票的发展历程中，其设计风格和技术手段也不断更新和演变。从最初的简单图案和单一色彩，到后来的复杂构图和丰富色彩，再到现代设计中的数字化、环保和互动性元素，世博会邮票的演变不仅体现了设计学科的发展，也反映了人类审美观念的变迁。随着时间的流逝，世博会邮票的发行、种类和设计风格都有了显著的变化。这些变化深入揭示了世博会从诞生到兴盛的历史轨迹，以及全球范围内对世博会文化和世博会精神的深刻影响。回顾世博会邮票，可以将其划分为三个阶段。

早期，世博会邮票以纪念性为主要特点，种类相对单一，设计朴素而直接。这些邮票主要记录着世博会的举办时间、地点和主题，成为后世研究和回忆世博会历史的重要物证。尽管设计简单，但它们初步展现了世博会作为国际交流平台的魅力与影响力。

随着世博会活动的逐渐增多和影响力的日益扩大，世博会邮票的发展也步入了第二阶段。在这一时期，邮票的种类开始变得丰富多样，除了传统的纪念邮票外，还出现了个性化邮票、系列邮票等新型品种。设计上，这些邮票更加注重艺术性和创新性，通过独特的图案、材质和印刷技术，展现了各国文化的独特魅力和世博会的盛况。这些邮票不仅具有很高的收藏价值，还成为展示国家形象、传播世博精神的重要媒介。

进入21世纪以来，世博会邮票的设计迎来了新的发展阶段。在这一阶段，世博会邮票在设计上更加注重多元化和国际化。各国在发行世博会邮票时，不仅深入挖掘本国文化元素，还积极借鉴国际先进的设计理念和艺术风格，使得世博会邮票在展现各国文化特色的同时，也呈现出国际化的趋势。此外，随着科技的不断发展，世博会邮票在印刷技术和材料使用上也取得了新的突破，为收藏爱好者带来了更加生动、逼真的视觉体验。

世博会邮票的发展历史与世博会的历史进程紧密相连，它们共同见证了人类文明的进步和发展。

（一）早期世博会邮票

1851年，首届世博会在英国伦敦盛大开幕，标志着这一国际盛事的诞生。然而，因为当时世博会刚诞生，主办国没有充分意识到世博会邮票的潜在价值和重要性，所以在一定程度上限制了世博会邮票的发行。在接下来的几届世博会中，相关的世博会邮票也很少出现。直到1893年，为了庆祝哥伦布发现新大陆400周年，美国芝加哥世博会首次推出了世界上首套纪念世博会的邮票。这一举措开启了世博会邮票历史的新篇章，尽管之后只有少数国家为了纪念世博会而发行了相关邮票。当时的世博会邮票仍在起步阶段，其设计多以政治人物、世界名画或主办国的风景为主题，缺乏与世博会主题和理念的深度融合。此外，由于当时并未受到国家层面的足够重视，世博会邮票的设计和发行也显得相对简单和随意。

世博会邮票的起步相对较晚且发展进程较为缓慢。尽管早在1851年就在英国伦敦举办了首届世博会，但直到1893年芝加哥世博会才首次出现了专门为了纪念这一盛会而发行的邮票。在这之前的数届世博会中，都没有出现过真正意义上的世博会邮票。在设计与发行上，早期世博会邮票并未充分展现出与世博会主题和理念的深度联系。这个阶段的邮票产品设计主题主要集中在政治领袖、国际著名艺术品及主办国独特的景观和建筑物上，并没有直观且深入地表现出世博会的核心价值观，如创新、沟通和进步等方面。邮票产品的多样化程度较低，主要以纪念型为重点，缺少其他的类型。尽管早期世博会邮票在设计和发行上存在一些不足，但由于其独特的历史背景和稀缺性，它们成为邮票收藏家们竞相追逐的珍品。这些邮票不仅记录了世博会的历史和进程，还反映了当时的社会风貌和文化特点。

早期世博会邮票的萌芽阶段是一个充满探索和挑战的时期。虽然存在一些不足和局限，但这一阶段的探索和实践为后来的世博会邮票发展奠定了重要的基础。

1894年安特卫普世博会出版发行了3枚纪念邮票，这3枚邮票是竖式排版，以安特卫普市徽为主题图案（图5-9）。这3枚邮票的设计非常精美，融入了世博会的元素和比利时的文化特色。每一枚邮票上的图案都经过精心挑选和设计，色彩鲜艳，线条流畅，给人留下深刻的印象。1897年布鲁塞尔世博会纪念邮票不同于前两届，设计师采用整幅画面进行设计，有外框装饰花纹和装饰线（图5-10）。1898年美国发行的密西西比河纪念邮票，第一排3枚邮票的主题图案分别是美国西部人民在田野耕作、在草地放养水牛和早期困苦的艰难居民移居别处的场景。第二排3枚邮票分别是西部人民采矿的场景、水牛在暴风雪里艰难前行的画面，以及人们呐喊着站在密西西比河大桥上挥舞着手。外框有装饰纹样，框内的主题图案则采用黑白画面，并且使用横竖不同的构图方式。邮票中图形元素的使用，不仅直接体现了世博会的主题，也展示了当时河流在交通和贸易中的重要地位（图5-11）。

为纪念路易斯安那购地100周年，1904年圣路易斯世博会发行纪念邮票（图5-12），邮票中的图案分别是“罗伯特・利文斯顿（从法国手中购买路易斯安那的谈判代表）、杰斐逊总统、门罗总统、威

图5-9　1894年安特卫普世博会纪念邮票

图5-10　1897年布鲁塞尔世博会纪念邮票

图5-11　1898年密西西比河纪念邮票

图5-12　1904年圣路易斯世博会纪念邮票

廉·麦金利和路易斯安那地图。”[1]

罗马尼亚于1906年11月隆重推出了一套包含11枚邮票的《罗马尼亚博览会》纪念系列邮票。这套邮票的图案设计丰富多彩，既有世博会雄伟壮丽的大厦，又展现了耕犁者与安琪儿和谐共处的画面，同时融入了国王卡罗尔一世和伊丽莎白皇后的肖像，以纪念和庆祝这一盛大的世博会。这套邮票不仅是对罗马尼亚世博会这一历史事件的纪念，也展现了罗马尼亚的文化艺术魅力和人民的精神风貌。

---

[1] 李近明．永恒的记忆——从邮票、明信片和纪念章看精彩世博历史[M]．上海：上海教育出版社，2010:71．

图5-13　1910年布鲁塞尔世博会纪念邮票

1910年比利时发行了布鲁塞尔世博会纪念邮票（图5-13），其艺术风格深受当时流行的艺术流派影响，注重自然元素、手工艺和装饰性，追求与自然的和谐统一。从邮票设计中可以看到这些艺术流派的典型特征，如流畅的线条、细腻的装饰、丰富的色彩和独特的图案。这些元素共同构成了邮票独特的艺术风格，让人一眼就能感受到其独特的美感。

1915年旧金山世博会邮票使用直线的方形框架减少了装饰，不使用矫饰的花纹，而采用自然形态的麦穗形作为邮票的装饰。邮票的主题明确，紧密围绕巴拿马运河通航这一历史事件展开。图案设计中，巴拿马运河两岸的景观成为主要元素，如运河的壮丽景色、繁忙的航运场景等，这些元素都生动地展现了运河通航带来的繁荣景象（图5-14）。

1922年巴西发行一套3枚的《里约热内卢100周年的世博会》邮

图5-14　1915年旧金山世博会纪念邮票

图5-15　1922年里约热内卢世博会纪念邮票

图5-16　1925年巴黎世博会纪念邮票

票，3枚邮票使用不同的构图方式来表现邮票主题（图5-15）。

1925年巴黎世博会邮票是法国举办多次世博会以来第一次设计发行世博会纪念邮票（图5-16）。这一届世博会是一次文化和艺术的盛宴，与之相伴的邮票设计更是这场盛宴中的璀璨明珠。这些邮票不仅是邮资的凭证，更是艺术与历史的完美交汇点，展现了当时的审美追求和文化特色。设计师们巧妙地运用流畅的线条、几何图形和丰富的装饰元素，将巴黎的地标性建筑、世博会场馆以及象征工业、科技和艺术的元素融入其中，形成了一幅幅精美绝伦的画面。这些图案不仅具有极高的艺术价值，也展现了当时社会的文化和科技水平。

法国装饰艺术运动下，这一届世博会邮票设计一改之前的邮票设计模式。无论是邮票画面的主体物还是构图方式，都打破了原先的框架束缚，有人物，还有海报形式的画面，色彩上也不是单一的颜色，而是有不同色彩的叠加。这是由于法国印刷技术的进步，得以使用彩色套色印刷的方式，使得邮票的设计画面更加丰富。1925年是一个充满变革和创新的时代，这一时期的邮票设计也体现了这一特点。设计师们可以尝试将新的艺术风格和元素融入邮票设计中，来展现时代的特色和气息。邮票设计也反映了当时的社会文化和审美趋势，如追求

图5-17 1929年巴塞罗那世博会纪念邮票

简洁、明快和现代的设计风格。

1929年巴塞罗那世博会发行了14枚邮票，画面构图、形式各异，横竖排版各不相同（图5-17)。“图案是‘圣玛丽亚’号和塞维利亚、巴塞罗那使者、世博会大楼、国王阿方索十三世和巴塞罗那建筑等。”❶

❶ 李近明．永恒的记忆——从邮票、明信片和纪念章看精彩世博历史[M]．上海：上海教育出版社，2010:71.

1933年5月25日，美国邮政为纪念芝加哥举办的“一个世纪的进步”世博会这一盛事，特别发行了一套包含两枚纪念邮票的系列（图5-18）。这两枚邮票不仅是对世博会的深情致敬，更是对那个时代美国社会、文化与建筑成就的生动展现。首枚邮票以迪尔伯恩堡（Fort Dearborn）的复兴为主题，它象征着芝加哥这座城市从一个小小的军事要塞逐渐发展成为现代化大都市的历程。图案中，迪尔伯恩堡的古老建筑与现代元素相交织，展现出时间的流转与城市的变迁，也寓意着美国西部开发的历史与芝加哥作为交通枢纽的重要地位。第二枚邮票则聚焦于世博会联邦大厦（Federal Building）的壮丽景象。这座建筑作为博览会的标志性建筑之一，不仅体现了当时美国联邦政府的权威与力量，也展现了建筑师们的杰出才华和对未来城市发展的美好愿景。邮票上的联邦大厦气势磅礴，线条流畅，充分展示了其独特的建筑风格和卓越的艺术价值。这两枚邮票的发行，不仅是对芝加哥世博会这一历史事件的纪念，更是对美国社会、文化与建筑成就的一次深情回顾。

图5-18　1933年芝加哥世博会纪念邮票

比利时邮政为即将到来的1935年布鲁塞尔世博会，隆重发行了一套包含4枚纪念邮票的系列（图5-19）。这4枚邮票分别以布鲁塞尔

图5-19　1935年布鲁塞尔世博会纪念邮票

的4座标志性宫殿——刚果宫、布鲁塞尔宫、昔日布鲁塞尔宫和大宫为设计主题，展现了布鲁塞尔作为世博会举办地的辉煌与魅力。首枚邮票以刚果宫为图案，这座宫殿以其独特的非洲风格建筑和丰富的文化内涵吸引了世界的目光。邮票上的刚果宫雄伟壮观，充满了异国情调，象征着布鲁塞尔作为世界文化交流中心的地位。第二枚邮票聚焦于布鲁塞尔宫，这座历史悠久的宫殿见证了比利时和布鲁塞尔的辉煌历程。邮票上的布鲁塞尔宫庄严而典雅，展现了其作为比利时政治和文化中心的重要地位。第三枚邮票以昔日布鲁塞尔宫为设计主题，这座宫殿虽然已不再是政治中心，但其历史价值和文化内涵依然丰富。邮票上的昔日布鲁塞尔宫充满了岁月的痕迹，让人感受到历史的厚重与沧桑。最后一枚邮票则展现了大宫的壮丽景象。作为博览会的主要场馆之一，大宫以其宏伟的建筑和丰富的展览内容吸引了无数游客。邮票上的大宫气势磅礴，线条流畅，充分展示了其作为世博会标志性建筑的独特魅力。

1936年9月15日，为纪念即将举办的1937年巴黎“现代生活中的艺术与技术”世博会，法国邮政精心策划并发行了一套包含6枚邮票的纪念邮票（图5-20）。邮票上有刻画主体物的痕迹，将绘画的拓印效果使用在邮票的设计中。这套邮票以世博寓言和使者为主题，通过生动的图案展现了世博会的独特魅力和深远意义。在这套邮票中，每一枚都以其独特的寓言和使者形象，向观众传达了世博会的核心理念。这些寓言和使者不仅代表了不同领域的艺术与技术成就，也象征着人类对美好生活的追求和向往。通过它们的形象，邮票展现了世博会作为展示人类智慧和创造力的平台的重要性。

图5-20　1937年巴黎世博会纪念邮票

1939年发行了纽约世博会的纪念邮票，其中一款3美分的邮票，主题为“建设明天的世界”，以单体建筑为主，背景单色平涂，少了装饰性花纹（图5-21）。1949年的太子港200周年纪念邮票的设计深受当时设计艺术风格的影响，平涂的底色显得主体物更加突出，将人物头像设置在中间，这种手法使得画面与美元的设计有些相像（图5-22）。

图5-21　1939年纽约世博会纪念邮票

图5-22　1949年太子港200周年纪念邮票

（二）世博会邮票的兴盛

在20世纪中期，世博会邮票迎来了辉煌的兴盛时期。随着第二次世界大战的结束，全球逐渐从战争的硝烟中走出来，各国开始积极寻求和平与发展。在这样的历史背景下，世博会作为促进国际交流与合作的重要平台，再次展现出其独特的魅力。与之相伴的世博会邮票，也随之进入了一个全新的发展阶段。

自1958年比利时布鲁塞尔成功举办第二次世界大战后首届综合类世博会以来，世博会邮票的发行便打破了原有的传统模式。除了主办国发行邮票来庆祝和纪念这一国际盛事以外，更多的参展国家或地区也积极加入发行世博会邮票的行列中。这种跨国界的合作不仅极大地丰富了世博会邮票的种类和数量，也显著提升了其收藏和纪念价值。

在20世纪中期，随着世博会规模的不断扩大和集邮文化的蓬勃发展，世博会邮票的设计、制作和发行也展现出更加多样化和专业化的特点。邮票的图案设计日趋精美，色彩运用更加鲜艳，内容也愈加丰富多样。许多邮票以世博会的主题和标志为核心，通过巧妙的构图和精湛的工艺，生动展现了人类文明的进步和科技的发展，成为一枚枚富有艺术价值和历史意义的珍贵藏品。

此外，世博会邮票的发行还极大地促进了国际集邮文化的交流和发展。各国的邮票爱好者通过收集和交换世博会邮票，不仅加深了对不同国家和文化的了解和认识，也推动了集邮文化的繁荣和发展。这种跨越国界的集邮交流，不仅增进了各国人民之间的友谊，也为国际文化的交流互鉴注入了新的活力。布鲁塞尔世博会是为纪念原子能时代的到来而举办的。1957年4月17日，比利时邮政部门正式发行了一套《1958年布鲁塞尔世博会》的纪念邮票（图5-23），该套邮票共有4枚，且每枚邮票的图案设计都保持一致，主题鲜明地展示了原子结构与世博会会徽的结合。这一设计不仅突显了当时科学技术的飞速发展，也预示着即将在布鲁塞尔举行的世博会将聚焦科技与创新的主题。图5-24显示了尼加拉瓜为1958年布鲁塞尔世博会发行的纪念小型张邮票。图5-25显示了比利时为1958年布鲁塞尔世博会发行的纪念小型张邮票。图5-26显示了西班牙为1958年布鲁塞尔世博会发行的纪念小型张邮票。1958年4月17日，比利时邮政部门精心发行了一套共16枚的《联合国及其专门机构参加布鲁塞尔世博会》纪念邮票（图5-27）。这套邮票呈现了一些独特且富有象征意义的图案，代表了国际劳工组织、联合国粮食及农业组织、联合国教科文组织、国际

图5-23　1958年布鲁塞尔世博会纪念邮票一

图5-24　1958年布鲁塞尔世博会纪念邮票二

图5-25　1958年布鲁塞尔世博会纪念邮票三

图5-27　1958年布鲁塞尔世博会纪念邮票五

图5-26　1958年布鲁塞尔世博会纪念邮票四

电信联盟、国际货币基金组织、世界卫生组织，还代表了许多专门机构，如万国邮政联盟、国际民航组织、世界气象组织、联合国难民事务高级专员公署、联合国儿童基金会、国际原子能机构、关税及贸易总协定组织、世界银行等，以及在布鲁塞尔的代表机构。每一枚邮票都如同一幅精美的微缩画作，细腻地描绘了各机构的标志和特色，将联合国的多元合作与共同愿景展现得淋漓尽致。特别的是，这套邮票被限定在气势恢宏的布鲁塞尔世博会联合国馆中的专用信箱使用，为参与世博会的游客和工作人员提供了一种独特而珍贵的纪念方式。这套邮票的发行，不仅是对联合国及其专门机构在促进世界和平与发展方面所作出杰出贡献的致敬，也是比利时对布鲁塞尔世博会这一国际盛事的热烈庆祝。它见证了联合国在全球事务中的核心作用，以及各国人民共同追求和平、合作与发展的美好愿景。

1962年4月25日，为了庆祝即将到来的西雅图21世纪博览会，美国邮政部门特别发行了一套单枚的《西雅图21世纪博览会》纪念邮票。这枚邮票的图案精美而富有未来感，中心展现了西雅图著名的地标——太空针塔，象征着人类对太空探索的无限向往和追求。在太空针塔的下方，则巧妙地融入了单轨快速列车的元素，象征着现代交通的便捷与高效，也预示着未来城市生活的繁荣与活力。这枚邮票的设计巧妙地将西雅图的城市特色与博览会的主题相结合，既展示了西雅图的现代风貌，又体现了博览会对于科技、未来和创新的关注。这枚纪念邮票的发行，不仅是对西雅图21世纪博览会这一盛事的热烈庆祝，也是对全球科技进步和城市发展的一次致敬。对于邮票收藏爱好者来说，这枚《西雅图21世纪博览会》纪念邮票无疑是一件珍贵的收藏品，它将永远铭记着那个充满希望和梦想的年代（图5-28）。

图5-28　1962年西雅图世博会纪念邮票

1964年4月22日，美国邮政局为纪念即将开幕的1964—1965年纽约世博会，特别发行了一套单枚纪念邮票。这枚邮票的图案采用了知名艺术家唐纳德·德卢所创作的雕塑《掷火箭者》，这座雕塑以其独特的艺术魅力和深刻的主题内涵，成为邮票设计的灵感来源。《掷火箭者》雕塑以简洁而富有力量的线条，描绘了一个向前投掷火箭的人物形象，象征着人类对未知世界的勇敢探索和对科技的无限追求。这一形象与纽约世博会的主题相得益彰，共同展现了人类对于科技进步和未来发展的信心和期待。这枚纪念邮票的发行，不仅是对纽约世博会这一盛大活动的热烈庆祝，也是对唐纳德·德卢艺术才华的认可与赞誉。它将纽约的活力与创新精神通过邮票这一形式传递给世界各地的人们，成为连接过去与未来、现实与梦想的桥梁。

1965年慕尼黑世博会发布的纪念邮票在设计上进行了大胆的创新，摒弃了以往常见的以人物、建筑或绘画场景为主题的票面设计，而是紧密围绕世博会的核心主题——交通运输。邮票的图案以多样化的交通工具为主，巧妙地捕捉了那个时代的交通发展特点。从精致的邮票中，人们可以欣赏到各种车辆、船舶和飞机的精美描绘，它们或疾驰在公路上，或航行在海洋上，或翱翔在蓝天中，生动地展现了交通运输的多样性和活力。不仅凸显了慕尼黑世博会对于交通运输领域的重视，也体现了邮票设计在主题表达上的创新和突破。使用交通运输工具的插图作为画面主题，背景是色彩平涂，丰富的色彩和插图画面使得邮票设计少了繁复的装饰，多了色彩丰富的画面。通过这套邮票，人们可以直观地感受到交通运输的发展给人类社会带来的便利和变革，进一步激发了对未来交通科技的期待和憧憬（图5-29）。

1967年蒙特利尔世博会发行的邮票以蒙特利尔世博会展馆的建筑为主题，画面色彩绚丽，充分展现了1967年世博会的块面处理艺术（图5-30）。

日本大阪世博会发行邮票，以绘画的形式展现大自然的美丽。在1969年3月15日，日本邮政首次推出了一套纪念邮票，共计2枚。这

图5-29　1965年慕尼黑世界交通博览会纪念邮票

图5 30　1967年蒙特利尔世博会纪念邮票

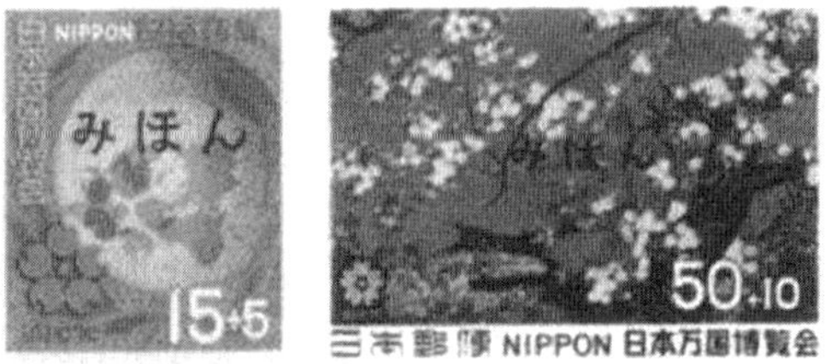

图5-31　1970年大阪世博会纪念邮票

2枚邮票巧妙地融合了地球的形象、大阪世博会会徽以及樱花盛开的春日景致，寓意着地球的联结、科技的盛会与自然的美丽，用地域民族特色来设计邮票（图5 31）。

（三）世博会邮票的多元发展

进入21世纪后，随着科技的发展和数字化的普及，邮票文化进一步发展。世博会邮票的形式不再局限于传统的纸质邮票。电子邮票、虚拟邮票、数字邮票等新型邮票形式相继出现，这些新型邮票不仅具有环保、易保存等优点，而且可以通过互联网进行交易和传播，大大拓宽了邮票的受众范围。这一时期世博会邮票的设计更加注重创意和个性化。邮票的图案和色彩更加丰富多彩，融入了现代艺术和科技元素，使得票面图案更加精美、生动。同时，邮票设计也更加注重与世博会主题的融合，通过独特的视觉元素来传达世博会的主题和理念。

除了传统的邮政功能外，世博会邮票在多元化阶段还承担了更多的文化、教育和宣传功能。通过发行具有纪念意义的邮票，可以记录世博会的历史和瞬间，为后人留下宝贵的文化遗产。同时，邮票的收藏和交易也促进了国际集邮文化的交流和传播，增进了不同国家和地区之间的了解和友谊。在全球化背景下，世博会邮票的市场也逐渐国际化。越来越多的国家和地区开始发行世博会邮票，这些邮票不仅在本地范围内销售，还通过国际邮政渠道进行全球销售。同时，国际集邮组织和邮票拍卖机构的参与也推动了世博会邮票市场的繁荣和发展。

随着互联网的普及和电子商务的发展，世博会邮票的交流和交易也逐渐数字化。邮票爱好者可以通过互联网了解最新的邮票信息、购买心仪的邮票、参与线上拍卖等活动。这不仅提高了邮票交易的效率和便捷性，也促进了国际集邮文化的交流和传播。

世博会邮票的多元化阶段为邮票文化注入了新的活力，推动了国际集邮文化的繁荣和发展。通过世博会邮票的发行和收藏，我们可以更好地了解和感受不同国家和地区的文化和历史背景，增进相互之间的了解和友谊。

2000年汉诺威世博会6枚邮票将计算机技术在平面设计上的应用达到极致，如电脑图形展现了年轻的背包客、中国传统书法绘写出“龙”以及佛像之眼等，这些计算机图形表现的正是21世纪的作品特色（图5-32）。2005年爱知世博会“森林爷爷”和“森林小子”可爱的吉祥物卡通形象被用于世博会邮票设计上，显示了两个吉祥物手牵手在樱花下对着你微笑（图5-33）。这是日本设计师作出的极具亲和力的邮票设计。

2007年发行的2枚2010年上海世博会邮票，使用的是吉祥物“海宝”和世博会标志作为邮票的形象。

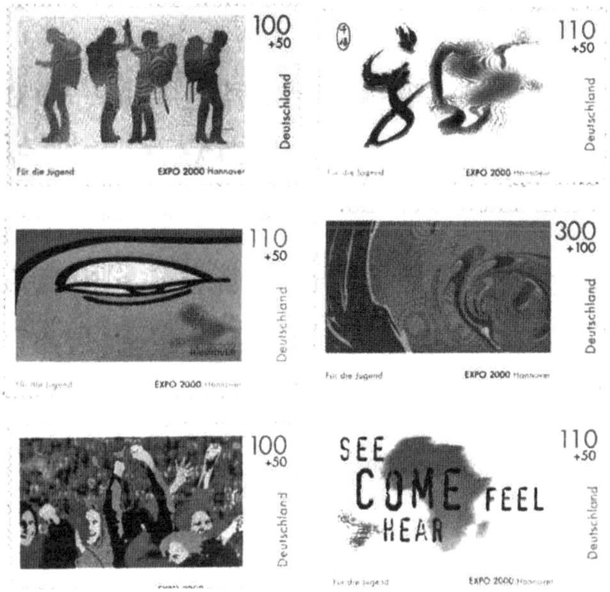

图 5-32　2000 年汉诺威世博会纪念邮票

图 5-33　2005 年爱知世博会纪念邮票

二、世博会邮票设计的题材

世博会邮票向来以其精美绝伦的画面和深邃的内涵闻名于世，不仅内容丰富，而且表达得言简意赅，巧妙地融合了众多与世博会紧密相关的元素。它们以华丽而曼妙的姿态，展现出独特的艺术魅力。这一切的成就都归功于世博会邮票设计的精湛技艺。

对于世博会邮票而言，设计的重要性不言而喻。优秀的世博会邮票设计能够赋予邮票更高的艺术价值和文化内涵，使之成为传递世博会精神的重要载体。世博会邮票设计的题材广泛而多样，通常围绕世博会的主题、历史、文化、科技、建筑和吉祥物等元素展开，这些元素共同构成了世博会邮票设计的丰富内涵和独特魅力。通过深入研究这些题材，我们可以更好地理解世博会邮票设计的精髓，为未来的创作提供有益的借鉴和启示。

（一）世博会主题标志

邮票设计常以世博会标志为重要题材，通过这一视觉符号巧妙地展现世博会的主旨与主题理念。世博会标志作为世博会文化的核心象征，其设计初衷在于精准地传达世博会的核心理念和主题。当这一标志被用作邮票设计的题材时，不仅为邮票增添了独特的视觉魅力，更深入地诠释了世博会所要表达的精神内涵和文化价值。世博会标志融入邮票的版面布局中，使其与邮票的主题和内容相得益彰。无论是将标志作为邮票的主图案，还是将其作为辅助元素巧妙地融入其中，都旨在强调世博会标志的重要性和影响力。通过邮票这一载体，在世博会的举办过程中，体现了世博会的特点，代表了世博会的符号形象特征。

1939年纽约世博会率先将世博会会徽融入邮票设计，开启了这一设计理念的先河。1939年的邮票设计，少了以往邮票的装饰花纹，以单色、平面平涂的方式，突出了标志，同时突出的也是当时的标志性建筑。随着世博会邮票设计的不断创新与发展，世博会会徽在邮票中的呈现形式也日益丰富多样。它既可以作为主图形占据邮票的显著位置，也能以辅助图形形式点缀在邮票版面之中。

1958年布鲁塞尔世博会邮票也以标志作为邮票的主图形设计，标志以简洁明快的手法将寓意着五大洲和谐共处的“五星”和地球图形组合而成（图5-34）。除主图案方法外，以世博会标志为主体的附加图像和其他视觉元素相结合的设计方式也在邮政产品上得到应用。例如，在1967年蒙特利尔世博会上，加拿大的纪念邮票就成功利用这种创新技巧，不仅突出了世博会的特殊风格，还使邮票设计的深度和丰富度得到了提升，同时赋予其浓厚的人文底蕴。

图5-34　1958年布鲁塞尔世博会纪念邮票六

（二）世博会标志性建筑

世博会的标志性建筑确实是邮票设计的重要题材之一，它们不仅代表了世博会的主题和理念，还展现了主办城市的文化特色和设计创新。这些建筑通过邮票这一载体，被广大收藏爱好者所熟知和喜爱。

作为上海的标志性建筑之一，上海东方明珠广播电视塔在上海世博会的邮票设计中占据了重要位置。设计师通过精细的描绘，展现了这座建筑高耸入云、璀璨夺目的形象，也体现了上海作为国际大都市的现代化和活力。埃菲尔铁塔是1889年巴黎世博会的标志性建筑，至今仍是法国和巴黎的象征。在邮票设计中，埃菲尔铁塔常常被描绘成雄伟壮观的形象，其独特的铁架结构和精致的细节都得到了精心的展现。这些邮票不仅展现了埃菲尔铁塔的美丽，也体现了法国的文化底蕴和浪漫情怀。布鲁塞尔原子球是1958年布鲁塞尔世博会的标志性建筑，由9个巨大的金属球体组成，象征着原子结构。在邮票设计中，原子球以其独特的造型和富有科技感的外观吸引了众多设计师的关注。这些邮票通过不同的色彩和构图，展现了原子球的魅力和科技气息（图5-35）。

图5-35　1958年布鲁塞尔世博会纪念邮票七

（三）世博会场馆

以世博会展馆作为邮票设计的题材，通过突出展馆特色、融入主题元素、采用丰富多样的色彩和巧妙的构图方式，以及与观众建立情感连接和凸显纪念意义等手段，将世博会的精彩瞬间和深远意义展现得淋漓尽致。这些邮票不仅具有收藏价值和纪念意义，还能让观众在欣赏过程中感受到世博会的魅力和文化价值。邮票设计会突出展示世博会展馆的独特造型和风格，如上海世博会中的“中国馆”、法国的“凡尔赛宫”、英国的“水晶宫”等。通过细致的线条和色彩运用，将展馆的轮廓和细节呈现得栩栩如生，让观众仿佛置身于世博会的现场。 主设计师们会将世博会的主题元素巧妙地融入邮票设计中，如“城市，让生活更美好”“海洋，未来的财富”等。这些主题元素不仅体现了世博会的核心理念，也为邮票设计增添了更多的文化内涵和艺术价值。在构图上，设计师们会运用各种技巧和手法，如对称、对比、透视等，使邮票设计更加独特和美观。1967年蒙特利尔发布了加拿大、英国、美国、法国、联邦德国、苏联、澳大利亚、奥地利、比利时、圭那亚、斯里兰卡、中国、捷克斯洛伐克、牙买加、海地、印度、伊朗、以色列、意大利、日本、韩国、墨西哥、摩洛哥、荷兰、瑞士、特立尼达和多巴哥、委内瑞拉、南斯拉夫等30个国家和地区展馆的邮票（图5-36）。在2010年上海世博会上，中国馆的设计给人留下了深刻的印象，以中国馆为题材的世博会展馆邮票出自陕西省美术家协会主席、西安美术学院院长郭线庐之手（图5-37）。西班牙馆以其独特的建筑风格和创意吸引了众多游客的关注。这座建筑以“藤条篮子”为设计灵感，采用了环保的建筑材料和创新的建筑技术。在邮票设计中，西班牙馆的独特造型和环保理念得到了充分的展现，同时也体现了西班牙文化的独特魅力。

首次于中东地区的阿联酋迪拜举行的世博会在其“沟通思想，创新未来”的主旨下吸引了全球各国的参与。为纪念此重大事件，联合国特地推出了名为《迪拜世界博览会》的小型张邮票。该款小型张别出心裁，内部包含3枚邮票，同时还附带了一幅背景画作，它们共同展示了世博会的三大核心展览区域：流转空间、机会之地及永续之境。从左至右，邮票上的图案分别生动地展现了这三个展馆的独特魅力，完美呼应了世博会“沟通思想，创造未来”的主题。在小型展览的下半部分，精美的装饰上刻有展览主题的英文标语——“Uniting minds, forging the future”“Communicating ideas and shaping future”。这不仅是对世博会主题的再次强调，也是对各国在世博会中所展现出的开放、合作与创新精神的赞美。这款小型张邮票不仅具有

图5-36 1967年蒙特利尔世博会纪念邮票

图5-37 2010年上海世博会纪念邮票一

极高的收藏价值，更是世博会精神传承的重要载体。

这些世博会展馆在邮票设计中的应用，不仅展现了它们的独特魅力和设计理念，还通过邮票这一载体将世博会的文化和精神传递给更广泛的受众。这些邮票既是收藏爱好者的珍品，也是传承和弘扬世博会精神的重要载体。

（四）世博会吉祥物

世博会的吉祥物作为连接公众与世博会情感的桥梁，常常以可爱、亲切的形象出现，为观众带来欢乐和温馨的感觉。当这些吉祥物成为邮票设计的主题时，设计师们会巧妙地运用色彩、线条和构图，将吉祥物的形象生动地呈现在邮票上，使其更具收藏价值和纪念意义。

邮票上的吉祥物形象通常会被设计成非常可爱、讨喜的样子，以吸引观众的眼球。设计师们会注重细节处理，让吉祥物的表情、动作和服装都充满趣味性和生动感。当世博会的吉祥物成为邮票设计的主题时，设计师们能够巧妙地将这些吉祥物的独特魅力融入邮票中，使其更具吸引力和纪念意义。2010年上海世博会吉祥物“海宝”的邮票设计灵感来源于汉字“人”，并以蓝色为主色调，象征着地球、梦想、海洋、生命、未来、科技，与上海世博会主题“城市，让生活更美好”相契合。在邮票设计中，“海宝”被描绘成一个活泼可爱的卡通形象，圆圆的身体，大大的眼睛，笑容可掬，让人一见就心生喜爱（图5-38）。

图5-38　2010年上海世博会纪念邮票二

2005年爱知世博会的吉祥物“森林小子”和“水精灵”分别代表了自然和生命的力量。在邮票设计上，这两个吉祥物被赋予了更为生动和人性化的形象。“森林小子”有着绿色的皮肤和树叶装饰的发型，它微笑着挥动手臂，仿佛正在邀请大家一同走进大自然的怀抱。而“水精灵”则拥有蓝色的身体和如水波般流动的头发，它轻轻摆动尾巴，给人一种宁静而清新的感觉。

邮票设计围绕吉祥物的主题展开，通过吉祥物的形象、动作和所处的环境等元素，传达出世博会的主题理念和文化内涵。吉祥物作为世博会的形象代表，具有很强的情感连接能力。世博会吉祥物主题的邮票设计通过可爱亲切的形象、鲜艳的色彩、突出的主题、情感连接和创意表达等元素，将吉祥物的魅力展现得淋漓尽致。这些邮票不仅具有收藏价值和纪念意义，还能让观众在欣赏过程中感受到世博会的欢乐和温馨氛围。

（五）民俗文化

作为人类文明交流的重要平台，每一届世博会都以其独特的主题和形式，吸引着全球的目光。在这个过程中，各国不仅展示了它们在科技、经济和社会等领域的成就，更将自己的传统文化和民族习俗融入其中。这使得世博会成为一个推广传统文化、呈现民风民俗、回顾历史并预测未来的理想平台。世博会邮票作为世博会的重要组成部分，更是以其独特的方式，展现了各国民族文化的独特魅力。在方寸之间，设计师们运用最简洁明快的手法，将主办国和参展国的风俗、信仰、风土人情等内容生动地展现出来，使得观众在欣赏邮票的同时，也能够领略到不同文化的魅力。

邮票设计巧妙地运用了各种元素，将各国的民俗文化融入其中。邮票不仅具有极高的艺术价值，更是传承和弘扬民族文化的重要载体。它们通过邮票这一特殊的艺术形式，将各国的传统文化、民族习俗传递给全世界，让更多的人了解和认识不同文化的魅力。

三、世博会邮票设计的特点

“世博会的商业设计穿越古今，它遵循美观、实用的原则，不仅展现国家形象，而且促进市场开发和衍生产品的生产，并与世博会所有文化、艺术、市场活动和景观中的形象一致。设计的多元化和多媒体化是世博会商业设计的发展潮流，大量运用数字、影视、网络手段也是世博会商业设计的大趋势，同时强调传统与现代结合、实用与审美统一及各种风格的兼容并蓄。”[1]

（一）世博会主题的体现

邮票设计会紧密围绕世博会的主题进行，深入研究并理解世博会的主题，然后从中提炼出关键元素和核心理念，这些元素和理念将成为邮票设计的核心。例如，2010年上海世博会的主题是“城市，让生活更美好”，那么邮票设计可能会以城市景观、建筑、人物等元素为主，通过展现城市的美好生活、科技进步、文化繁荣等方面来体现这一主题。

邮票设计会运用各种艺术手法来强化世博会主题的体现。通常会采用象征、隐喻、夸张等手法，将世博会的主题以更生动、更直观的方式展现出来。邮票设计还会注重与世博会的整体形象和氛围相协调。综合考虑世博会的色彩、字体、标志等视觉元素，将这些元素融入邮票设计中，使邮票成为世博会形象传播的重要载体。采用与世博会标志相同的色彩和字体，或者将世博会的吉祥物、口号等元素融入邮票设计中，以增强邮票的识别度和传播效果。

1982年4月29日，美国邮政部门隆重发行了一套以诺克斯维尔世界能源博览会为主题的纪念邮票，共计4枚（图5-39）。这套邮票的图案设计富有深意，分别描绘了太阳能、合成材料、再生核燃料反应

[1] 周进，张勇．世博会的商业设计[J]．商场现代化，2008(1)：527．

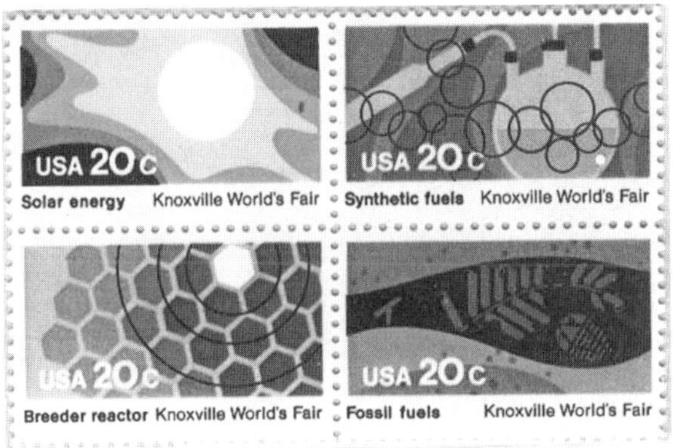

图5-39　1982年诺克斯维尔世博会纪念邮票

图5-40　2010年上海世博会纪念邮票三

堆以及石油燃料等四大能源领域的标志性元素。通过这些图案，美国不仅向世界展示了其在能源科技领域的创新与进步，也传达了对能源可持续发展的深切关注和追求。2010年5月1日上海世博会开幕，为纪念开幕式，围绕“城市，让生活更美好”主题，以上海城市建筑为特色，通过科技和绿色衬托来设计纪念邮票（5-40）。

（二）地域文化特点

在创作世博会邮票时，各国的传统文化特色常常会悄无声息地融入其中，使得设计师能够在不知不觉中运用他们熟悉的文化标志。世博会邮票不仅是一种纪念性的邮品，更是展示和推广主办国文化的重要工具。通过精心策划和设计，世博会邮票有意识地融入了地域文化的精髓，利用自身的传播影响力，让更多人能够领略到不同文化的独特魅力。

这种地域文化具体展现在世博会邮票的多个方面。图形选择方面，邮票图案往往蕴含着主办国的传统元素和象征，如传统建筑、民间艺术、自然景观等。这些图形元素不仅具有鲜明的地域特色，也传递了主办国的历史和文化信息。色彩运用上，世博会邮票通常会采用具有地域特色的色彩搭配，如中东地区的鲜艳色调、北欧的清新色彩等。这些色彩不仅为邮票增添了美感，也展现了主办国的文化特色和审美倾向。表现手法上，世博会邮票的设计可能会采用传统的工艺技法，如剪纸、刺绣等。这些技法不仅使邮票更具艺术价值，也展现了主办国的传统工艺和文化底蕴。同时，现代设计理念和科技手段的运用也为邮票增添了时代感和创新性。构图方面，世博会邮票的设计注重画面的整体感和平衡感，也体现了主办国的审美观念和构图习惯。通过合理的布局和元素的组合，使邮票在视觉上更具吸引力和冲击力。

世博会邮票作为一种具有特殊意义的邮品，不仅记录了世博会的精彩瞬间，也展现了主办国的地域文化和艺术魅力。这些地域文化印记通过图形选择、色彩运用、表现手法以及构图等视觉元素的设计，使世博会邮票成为传承和弘扬地域文化的重要载体。1970年3月14日，日本邮政部门发行了第二组纪念邮票，全套共计3枚，并附有1枚小型张。这组邮票的图案设计独特而富有深意，展现了多个与世博会紧密相关的元素。第一枚邮票上描绘的是世博会会场上绚烂的礼花，烟花绽放在夜空中，与灯火通明的会场交相辉映，象征着世博会的盛大开幕和热烈氛围。第二枚邮票则展示了地球与樱花的结合。地球图案象征着全球范围内的交流与合作，樱花是日本的国花，代表着美丽与和平。两者的结合寓意着世博会作为国际交流的平台，旨在促进各国之间的友谊与合作，共同创造美好的未来。第三枚邮票上呈现的是一幅尾形光琳画的屏风画《燕子花图》。这幅画作以精美的绘画技艺和独特的艺术风格而闻名，是日本传统文化的瑰宝。将其纳入邮票图案中，不仅展现了日本丰富的文化遗产，也体现了日本对传统文化的珍视与传承（图5-41）。

2014年，阿联酋为了即将到来的2020年迪拜世博会，特别发行了一枚纪念邮票小型张（图5-42）。这枚邮票以蓝、白、黑三色为主色调，构成了一幅简洁而富有深意的画面。主题图案上，阿拉伯语和

图 5-41　1970 年大阪世博会纪念邮票

图 5-42　2020 年迪拜世博会纪念邮票

英语的阿拉伯联合酋长国国名清晰可见，同时标注了2020年世博会的举办年份和主办城市迪拜。特别引人注目的是，邮票上绘制了一朵名为“2020世博花”的图案，这是一个极具伊斯兰装饰风格的几何图案。这朵“2020世博花”不仅象征着世博会在伊斯兰国家阿联酋的举办，更寓意着世界各国、各民族通过这届世博会而紧密联系在一起，共同编织着人类经济与社会文明进步的宏伟篇章。这朵花的形状和色彩充满了伊斯兰文化的独特韵味，同时展现了世博会作为国际交流与合作的平台，对于促进不同文化、不同民族之间相互理解和尊重的重要意义。

（三）国际视觉语言

世博会邮票作为一种跨越国界的交流途径，自然需要具备广泛的普遍性。通过深入剖析历届世博会邮票的设计，设计世博会邮票时始终面临着一个挑战：既要坚守本国文化的独特魅力，展现民族特有的自然与人文风采，又要确保这些设计元素能够跨越不同的文化背景、语言体系和审美差异，获得全球观众的共鸣与接受。

世博会邮票的全球视觉特征主要表现在两个方面。首先，邮票的选题范围展示了其全球化的观察力。从经典艺术品到标志性建筑，再到享有盛名的科学家、伟大人物和公众的形象，以及举办地独特的动植物等元素的挑选，都是为了尽可能地借鉴人类普遍认同的成就和熟悉的事物。这样的设计不仅凸显了举办地的自然特色和人文底蕴，更因为这些元素作为全人类共同的文化遗产，已经超越了国界和民族的界限，成为全球共通的语言。这样的世博会邮票在流通中，无论观众来自哪个文化背景，都能轻易产生共鸣，实现跨语言的交流。其次，世博会邮票的设计手法也体现了国际化的视觉语言。在视觉传达中，图形作为一种普遍的语言形式，无须文字即可直观地传达信息。点、线、面以及色彩的运用能够表达丰富的情感和状态，如愤怒、厌恶、欢乐、悲伤、空灵、热情等。这些设计元素不仅具有视觉上的吸引力，更能在无声中触动观众的心灵，留下深刻的印象。

1987年1月21日，西班牙为即将举行的塞维利亚世博会特别发行了一套包含2枚纪念邮票的系列（图5-43）。这2枚邮票的图案设计独具匠心，一枚展现了世博会的几何图案，以抽象的线条和形状捕捉了世博会的现代感和活力；另一枚则巧妙地融合了地球与月亮表面的图像，寓意着世博会作为连接不同国家、文化和时代的桥梁，展现了人类对宇宙和自然的探索与敬畏。这2枚邮票不仅是对塞维利亚世博会的热切期盼，也象征着西班牙对此次国际盛事的重视与参与。1993年韩国大田世博会主题为“新的起飞之路”，这一主题展示了韩国对过往发展成就的回望，以此激发民众团结一致开创未来的决心，并强调借助科技创新及人与自然的和谐共生实现美好生活的愿景。此外，还设定了“传统技艺与现代科技相融合”和“合理使用和循环再生资源”作为辅助话题，从而深化展览的内容深度。

1991年3月23日，韩国发行了第二组大田世博会纪念邮票，共2枚（图5-44）。邮票设计体现了现代设计的理念和技巧，运用了简

图5-43　1988年塞维利亚世博会纪念邮票

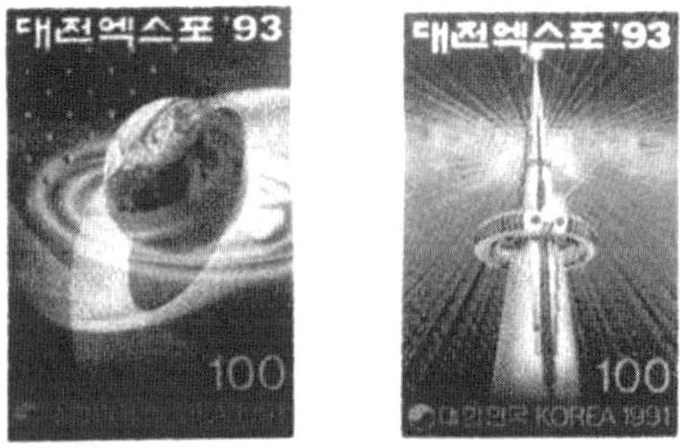

图5-44　1993年韩国大田世博会纪念邮票

洁明快的线条和图形，视觉传达设计的基础元素“点、线、面”综合使用在画面上，俨然一幅小型海报设计，邮票看起来既具有现代感又不失文化韵味。同时，还巧妙地结合了韩国的传统元素和现代设计元素，创造出了既有地方特色又具有国际性的邮票设计。邮票的构图也非常讲究。设计师们通过合理的布局和元素的组合，使邮票在视觉上更具吸引力和冲击力。他们注重画面的平衡和对比，邮票的整体效果更加和谐统一。

1988年4月29日，澳大利亚特别发行了一套包含1枚纪念邮票的系列，以纪念1988年布里斯班世博会。这枚邮票的图案巧妙地选取了世博会的会徽作为设计核心，大胆使用英文和数字的字体设计作为邮票的主元素，“EXPO”用无衬线字体，大而紧凑，上面一排字体小而疏，相互“边对齐”，画面构图干净、大气，将“EXPO”中“O”结合线条的修饰，通过细致入微的刻画，展现了会徽的独特魅力和深远寓意。邮票的设计不仅彰显了布里斯班世博会的主题与精神，也体现了澳大利亚对这次国际盛事的重视与期待（图5-45）。

图5-45　1988年布里斯班世博会纪念邮票

世博会邮票的设计在保持本国文化特色的同时，也注重了国际化的表达。通过选材范围的国际化和设计手法的国际化，世博会邮票成功实现了跨文化的交流与传播，成为连接不同国家和民族的桥梁。

第六章 | 世博会奖牌设计

一、世博会奖牌起源与演变

世博会奖牌的历史可追溯到19世纪中叶的工业革命时期，当时的世博会主要是为了展示各国的工业、科技和文化成果。随着时间的推移，世博会逐渐发展成为一个全球性的盛会，各国通过这一平台展示其最新的科技发明、文化特色和艺术创新。在这一过程中，世博会奖牌作为表彰优秀参展者的重要形式，也逐渐形成了独特的历史和文化背景。

世博会奖牌设计随着1851年第一届伦敦世博会的召开而同时诞生，到1958年布鲁塞尔世博会最后一次颁发奖牌，世博会奖牌的历史到此间断，直到2005年日本爱知世博会使用评奖体系。奖牌伴随世博会，也见证了早期的世博会发展。新古典主义在第一届世博会召开的时候盛行，影响了绘画、雕刻、建筑等领域的艺术。在这个时期的世博会奖牌也以浅浮雕技术为主。首届世博会颁发的“新发明和新技术”“制造业和手工业”“纪念奖”等3枚奖牌，1855年的巴黎世博会奖牌、相隔11年伦敦举办的1862年伦敦世博会奖牌、1867年的巴黎世博会“协作者”奖牌等都属于同种风格，多以人物头像和装饰的故事场景为主。受到“新艺术运动”在海报、邮票等世博会设计领域的影响，从1878年巴黎世博会的奖牌设计开始，在随后的几届世博会奖牌设计中也打上了这场运动的烙印。1893年芝加哥世博会庆祝哥伦布发现美洲大陆的庆典的氛围也留在了这一届世博会奖牌上，这一届世博会是美国世博会历史的一个转折点，其奖牌设计也受到“新艺术运动”的影响。20世纪30年代装饰艺术流行的几何形态的图案设计也在1937年巴黎世博会上运用。第二次世界大战后第一次召开的1958年布鲁塞尔世博会受到国际主义风格影响，将理性的设计理念注入那个时代的设计中。

（一）世博会奖牌的发端

奖牌是荣誉的象征，其历史可追溯至七百多年前。然而，在世博会这一全球性盛会之前，奖牌主要是作为一种地区性、国家性或特定领域内的荣誉奖品或纪念品存在。直至世博会的出现，奖牌才真正实现了其全球性和世界性的价值转变。

世博会承载着展示工业成果、推广工业产品和开拓新兴市场的使命。特别是新兴产品和技术的展示与竞赛，已经成为世博会的核心要素。为了激发参展商的积极性，促进世博会的繁荣，主办方采取了奖项制度，这一创新策略极大地提升了世博会的全球影响力和吸引力。早期的世博会奖牌设计往往比较简单，主要是为了表彰那些在展览中表现出色的参展者。这些奖牌大多采用金属材质，设计元素相对单一，但已经具备了奖牌的基本功能和象征意义。

在设计元素上，早期的世博会奖牌往往相对单一，但每一枚奖牌都蕴含着深厚的文化内涵。奖牌的形状、图案和文字都反映了当时的工业水平、艺术风格和文化特色。例如，奖牌的图案可能描绘了当时的工业场景、科技发明或文化符号，而文字则可能刻有获奖者的名字、获奖项目以及世博会的名称和年份。

在1851年举办的伦敦世博会上，首款全球性的奖章问世了。这场展出不仅被视为现代史上第一次以“和平”及“进步”为核心的全球大型活动，同时也是对世博会及其奖项史具有重要意义的一个转折点。在此之前，尽管奖牌已存在多年，但从未有过如此广泛和深远的国际影响。在伦敦世博会上首次获得的奖牌，比1896年第一届雅典奥运会的首枚奖牌提前了将近半个世纪，为未来全球性竞赛和颁发奖项树立了标杆。

从1851年开始，向优秀的世博会参加者颁发奖牌便成为世博会的惯例。这一制度不仅是对参展者荣誉的认可，更是对他们努力的鼓励和鞭策。与此同时，颁奖也成为世博会吸引全球目光、推动商品和技术交流的重要手段。

世博会不仅是商品的展示平台，更是产品和技术的竞技场。对于企业而言，在世博会上获奖意味着获得了国际市场的认可，这将极大地提升品牌知名度和消费者购买意愿。同时，获奖也为企业提供了调整生产或贸易发展方向的契机，许多企业因此实现了跨越式发展。例如，美国麦考密克收割机、法国“波尔多”葡萄酒和美国杰克·丹尼尔威士忌等，都是因世博会获奖而享誉全球的品牌。

这些简洁而富有象征意义的奖牌，不仅是世博会历史的一部分，更是工业文化的重要标志。它们见证了工业革命的辉煌，也反映了各国在科技和文化领域的竞争与合作。通过这些奖牌，我们可以更加深入地了解那个时代的工业发展、科技进步和文化交流，感受到那个时代的激情与活力。

1851年的伦敦世博会，作为历史上的首届世博会，不仅开启了这一国际交流的新纪元，同时也为后世世博会奖牌的设计奠定了基调。由华侨企业家徐荣村所经营的中国商业品牌参加首届伦敦世博会并获得了制造与手工行业大奖，这标志着其成功超越华人运动员杨传广首次赢得奥运会金牌的时间。

这一荣誉不仅展示了中国商品的卓越品质，也为中国在世博会上的地位奠定了坚实的基础。据《北岭徐氏宗谱》详细记载，徐荣村在上海这个繁华而复杂的商业之都中，始终坚守着“货则上品，售之则上价”的经商信条。他深知，唯有对品质的执着追求和诚信经营，才能在竞争激烈的商界中立足。正是这份对品质的坚持和诚信的经商态度，让徐荣村在商界赢得了极高的声誉和广泛的认可（图6-1）。

图6-1　荣记湖丝所获得的奖牌

（二）世博会奖牌的演变

随着世博会的不断发展，奖牌的设计也逐渐变得丰富多彩。从19世纪末到20世纪初，世博会奖牌的设计风格开始多样化，出现了许多具有地域特色和文化内涵的设计。例如，1900年巴黎世博会的奖牌采用了新艺术主义风格，充满了有活力的波浪形和流动形线条，以及花卉或植物等有机形式。在世博会的奖项评选过程中，最盛大的一幕发生在1900年的巴黎世博会。在超过七万五千家参展商中，有四万多家获得了五种不同类型的奖牌和相关证书。这一盛大的颁奖仪式不仅成为体现早期世博会辉煌成就的重要标志，而且深受参展商的热烈欢迎，同时催生了一批国际知名的企业家。世博会奖牌不仅是荣誉的象征，更是文化和艺术的体现。每一届世博会的奖牌都融入了该届世博会的主题和举办国的文化内涵。世博会奖牌的设计对于文化和艺术的发展产生了深远的影响。一方面，它推动了奖牌设计艺术的发展和创新，使得奖牌设计成为一种独特的艺术形式。另一方面，世博会奖牌也成为各国文化交流和传承的重要载体。通过展示不同国家的奖牌设计，人们可以更好地了解各国的文化和艺术特色，促进文化多样性的发展。1915年巴拿马世博会奖牌的设计元素体现了美国的文化特色，也传达了世博会对于科技进步和文化交流的重视。

然而，随着世博会的不断发展，评奖制度的问题也逐渐显现。每届世博会的奖项评定标准各异，设计上的不足导致了参展商对此的看法各异。例如，1862年伦敦世博会和费城世博会只设一个奖项，导致众多参展商不满。后来，由于人为原因，接下来的世博会评奖变得越来越随意，失去了原有的公正性和权威性。1928年，国际展览局的成立标志着对世博会评奖制度的重新审视。公众渐渐认识到，过于依靠奖励机制以提升国际商品竞争力的做法，已然偏离了世博会的基本价值观念。因此，从那时起，世博会的核心理念逐步转变为不仅强调展出社会的创新科技与产品，更注重全方位、深层次地呈现全球文化和人类精神内涵。

1933年举办的芝加哥世博会被视为这个变革的关键节点。这次盛会第一次跳脱出传统的产品分门别类的模式，并且废除了评选制度，“一百年来的发展”主题贯穿整个活动。这个转变获得了普遍的好评，并且对后来举办的几个世界展览产生了深远的影响。虽然在此过程中也有过一些试图重新引入某些评选活动的努力，但是越来越多的人选择了从评选竞争中退场。1935年布鲁塞尔世博会上，3个国家宣布退出评选；而在1958年的同一场地举办的另一个世界展上，16个国家做出了同样的决定。

世博会奖牌作为世博会历史和文化的重要组成部分，不仅具有荣誉的象征意义，更是文化和艺术的体现。通过展示不同时期的奖牌设计，我们可以更好地了解世博会的发展历程和文化内涵，感受到人类文明的进步和发展。

二、世博会奖牌的表现形式

（一）世博会奖牌的分类

世博会奖牌主要是针对在博览会上展示出色产品、领先技术或杰出艺术品的参展商和艺术家所设立的荣誉。这些奖牌不仅是对他们卓越成就的认可，更是收藏家们争相追寻的珍贵藏品。在世博会的评选和颁发过程中，组委会始终秉持着严谨与公正的态度。

从第一届世博会起，组委会就深知确保产品公正展示的重要性，因此设计了一套严格的产品分类体系。在博览会开幕后，组委会精心挑选各领域的杰出专家组成评审团，这些专家涵盖了科学、艺术和商业等多个领域。评审团的独立性得到了充分的保障，因为评奖系统是与世博会组委会的各个分支机构相独立的，这样的设置确保了评选过程的公正性。以1851年第一届伦敦世博会为例，评审团规模庞大，共有三百多位评委参与，其中一半评委来自海外，体现了国际化的评审视角。此外，还有九十多位准评委作为专业顾问，为评审团提供行业内的专业咨询服务。在颁奖环节，产品被精细地划分为“原材料”“制造”“机器”和“艺术”，并进一步细分类别。为了确保评奖的公正性和专业性，每个类别都设立了独立的评审委员会，其中英国人和外国人各占一半，展现了国际评审的均衡性。最终，各个评审委员会的主席会组成高级委员会，对评奖结果进行最终的审定和确认。

评审委员会在设立之初，明确了三种奖项的评选标准，分别是“新发明和新技术”奖、“制造业和手工业”奖以及“评审委员会”奖。它们统一选择了青铜作为奖牌的材质，并希望这些殊荣能由女王亲自颁发，以彰显其尊贵与荣耀。在奖牌设计方面，英国皇家造币厂的首席雕刻师威廉·怀恩被委以重任，负责奖牌正面的设计，上面刻有维多利亚女王和阿尔伯特亲王的肖像。至于三种奖牌背面的图案，则面向全球艺术家公开招标，中标者奖金100英镑，还将选出三个最佳设计奖，奖金50英镑。

经过激烈的竞争，评审委员会收到了一百多份设计方案。经过公平、公正、细致的评选，巴黎的皮埃尔·安托尼·希波里·伯纳多凭借其卓越的设计获得了“新发明和新技术”奖牌背面的设计权，威廉·怀恩的儿子李奥纳多·查尔斯·怀恩则凭借其精巧的设计赢得了“制造业和手工业”奖牌背面的设计权，而乔治·盖蒙·亚当斯的设计则成功中标“评审委员会”奖牌的背面图案。此外，伦敦的约翰·汉考克、布鲁塞尔的里奥波德·维尼尔和巴黎的M·格莱亚蒂的作品也获得了最佳设计的荣誉。然而，随着高级委员会的成立，他们对奖项的原始分类提出了质疑，并将“评审委员会”奖牌调整为对评审委员辛勤工作的一种表彰，而非博览会展品的奖项。在保留的两个奖牌中，“制造业和手工业”奖牌被授予在制造技术和手工艺方面表现卓越的参展商，而“新发明和新技术”奖牌则由各评审团推荐，由高级评审委员会主席亲自授予在新技术和新发明方面有突出表现的参展商。

世博会的奖项体系十分丰富多样，不限于人们传统认知中的金、银、铜三大类别。事实上，金牌并非总是代表着最高荣誉。一般而言，世博会的奖项涵盖了多个层级，包括大奖（作为最高荣誉）、荣誉奖、金奖、银奖、铜奖、纪念奖以及鼓励奖（仅授予奖状，不附带奖牌）。由于每届世博会的主题和参展作品的特性各不相同，评选标准和所设立的奖项也会有所调整，以确保公正、全面地评价各类参展作品。

（二）世博会奖牌的规格

世博会的大部分奖牌并非由纯金、纯银或纯铜制成，而是以铜为主要材质，分为几种不同的类型，包括纯铜（即紫铜）、黄铜（即铜锌合金）和青铜（即铜锡合金）。尽管“金牌”和“银牌”可能被刻在了奖牌之上，然而它们的主要材料仍然是铜质。一些参展商为了彰显荣誉，会选择对奖牌进行镀金或镀银处理，甚至要求使用纯金制造金牌，但这些都是在组委会提供的额外服务下进行的，所以需要支付相应的费用。

世博会的奖牌在形状上多种多样，通常以圆形为主，但也有一些异形设计。例如，1904年世博会奖牌就包括了盾形（图6-2）、三角形、正方形（图6-3）和圆形等多种形状。这些不同的形状不仅丰富了奖牌的视觉表现，也反映了不同年份、不同主题世博会的独特创意和风格。

图6-2　1904年世博会盾形奖牌

图6-3　1904年世博会银奖奖牌

与其他纪念章相比，世博会的奖牌一般来说比较大，通常是圆形的，直径往往比较长。奖牌的视觉效果和触感都得到了60毫米以上的保障。然而，还有一些特别大的奖牌，例如在伦敦世博会上颁发的“新发明和新技术”奖牌，直径高达89毫米，被誉为世博会历史上的经典之作。这些大尺寸的奖牌不仅彰显了获奖者的荣誉和地位，也成为收藏家们竞相追捧的珍品。

三、世博会奖牌的设计风格

从1851年至1958年，世界博览会的奖牌风格变化深入揭示了西方设计和雕刻艺术的演变历程。这一时期包括新古典主义、新艺术（Artnouveau）以及装饰艺术（Artdeco）的发展。通过研究这几个主要的艺术流派阶段，我们对奖牌艺术风格变迁有了更深入的理解和欣赏。

（一）新古典主义风格

1. 新古典主义风格的特点

新古典主义风格兴起于18世纪后期，尤其是在罗马庞贝遗址被发掘后，古典艺术的研究热潮在欧洲兴起。人们开始厌倦巴洛克和洛可可风格的烦琐与华丽，转而寻求更为简洁、合理的结构形式。新古典主义放弃了洛可可的矫饰曲线和繁复装饰，追求古典建筑的秩序与简洁。这一时期的奖牌设计深受古希腊和古罗马艺术影响，形状多为圆形或方形，材质多为金属，如铜、银或金，装饰元素则大量采用古典图案和符号。新古典主义风格在各国虽有所差异，但总体上都体现了对古希腊和古罗马艺术的回归与传承。在法国，罗马式样占据主导地位；而在英国和德国，希腊式样则更为流行。这些差异不仅反映了不同国家的历史文化背景，也展现了艺术家们对古典艺术的独特理解和诠释。

随着时间的推移，新艺术风格在19世纪末逐渐崭露头角。这一风格强调自然元素和曲线的运用，追求一种更为自由、浪漫的设计感。在奖牌设计中，新艺术风格开始融入更多自然元素和抽象图案，打破了新古典主义的严格对称和秩序。进入20世纪后，装饰艺术风格成为主流。这种风格强调几何图形和线条的运用，追求一种更为现代、简洁的美感。在奖牌设计中，装饰艺术风格通过精细的构图和布局，以及独特的材质和工艺处理，展现了其独特的艺术魅力。

西方设计和雕刻艺术的发展历程在世博会奖牌风格上得以体现。从新古典主义的简洁与秩序，到新艺术的自由与浪漫，再到装饰艺术的现代与简洁，这些风格不仅展现了不同时代的审美追求和文化背景，也为我们留下了宝贵的文化遗产。“1851年、1862年的伦敦世博会奖牌（图6-4、图6-5），以及1855年巴黎世博会奖牌、1873年维也纳世博会奖牌、1876年费城世博会奖牌都是典型的新古典主义风格（图6-6）。奖牌以浅浮雕为主（区别于以前古典主义的深度雕刻），设

图6-4　1851年伦敦世博会“制造业和手工业”奖牌

图6-5　1862年伦敦世博会奖牌

图6-6　1876年费城世博会奖牌

6-4 | 6-5
6-6

计上借用大量的古希腊、罗马文化元素，构图简洁合理。新古典主义成为早期世博会奖牌的基本风格，持续了大概三十年。”[1]

2. 新古典主义风格奖牌的特点

新古典主义奖牌的特点在于其形状、材质、装饰元素、寓意和象征意义以及工艺与制作等方面的独特性和精致性。这些特点共同构成了新古典主义奖牌独特的审美风格和价值体系。

新古典主义奖牌通常采用圆形或方形，这两种形状在古希腊和古罗马艺术中极为常见，具有对称、平衡的美感。尺寸上，奖牌的大小适中，既不过于庞大也不过于小巧，体现了对比例和尺度的重视。奖牌多为金属材质，如铜、银或金，这些材质具有天然的质感和光泽，与古典艺术的质朴、高贵相得益彰。同时，这些材质也具有一定的耐久性和价值感。

新古典主义奖牌的装饰元素多取材于古希腊和古罗马的图案和符号，如神话中的英雄和女神形象、建筑和雕塑的轮廓等。这些元素

[1] 仝冰雪．世博会奖牌收藏与鉴赏[M]．上海：上海社会科学院出版社，2009．

不仅具有象征意义，还增添了奖牌的艺术性和文化价值。同时，新古典主义奖牌的装饰风格简洁明了，避免过于复杂的装饰和矫揉造作的修饰。设计往往蕴含着深刻的寓意和象征意义。例如，大不列颠女神的形象可能象征着国家的繁荣与荣耀，而狮子则可能作为皇家武力威严的象征。这些元素和形象通过巧妙的组合和布局，传递出对获奖者的尊重和荣誉。制作工艺精湛，体现了匠人的高超技艺和对细节的关注。无论是线条的流畅、比例的协调还是表面的质感处理，都体现了新古典主义对理性和秩序的追求。

1862年的伦敦世博会奖牌由著名的爱尔兰裔英国肖像画家和漫画家丹尼尔・麦克利斯（Daniel Maclise，1806—1870年）担任设计。奖牌正面中央，大不列颠女神端坐其间，象征着英国的繁荣与荣耀，她正接受来自科技、艺术、工业、农业等领域化身的献礼，展现了当时英国社会的多元发展。女神脚下静卧的狮子，是中世纪英国皇家威严的象征，其形象既庄重又威严。狮子的左下方，刻有奖牌设计者的缩写“D.MACLISE，R.A，DES”，其中“R.A”为皇家学院（ROYAL ACADEMY）的缩写，而“DES”则是设计师（DESIGNER）的缩写，彰显了丹尼尔・麦克利斯在艺术领域的卓越地位。而在狮子的右下方，则刻有奖牌雕刻师李奥纳多・怀恩（Leonardo Wyon）的英文缩写“L.C.WYON FEC”，这里的“FEC”是“FECIT”的缩写，意为“李奥纳多・怀恩创作”。

奖牌背面则呈现出一幅别致的画面，四周由橡树叶子和果子编制的花环环绕，橡树作为世界上最大的开花植物，其长寿和坚韧的特性使其成为英国皇家的吉祥象征。花环中央的拉丁文“Honoris Causa. Londini”意味着“1862年在伦敦授予的荣誉”，这是对获奖者卓越贡献的崇高赞誉。花环下方再次刻有雕刻师李奥纳多・怀恩的缩写，再次强调了他的艺术贡献。

1867年世博会奖牌的设计风格深受维多利亚时代艺术风格的影响，体现了新古典主义特色，具有皇家威严的象征，其形象既庄重又

图6-7　1867巴黎世博会颁奖现场

图6-8　1867巴黎世博会奖牌

威严（图6-7）。设计注重对称性和几何形状的运用，同时也不乏对自然元素的精致描绘。奖牌的正面图案设计是拿破仑三世浅浮雕头像，左右分别是“拿破仑三世”和“皇帝”，奖牌背面是法语的1867年巴黎世博会（图6-8）。

“1876年世博会是第一次真正由中国人自己选派人员参加的世界博览会。当时的浙江海关文书李圭被中国海关税务司推荐参加了这届世博会，并在回国后撰写了中国第一本官方色彩的世博会游记——《环游地球新录》。”❶

（二）新艺术主义风格

1. 新艺术主义风格的特点

随着世博会的不断发展，奖牌设计也逐渐向艺术化、个性化方向发展。19世纪末至20世纪初，新艺术主义风格在欧洲盛行。这种风格强调自然与艺术的结合，追求形式与功能的统一。在这一时期，许

❶ 仝冰雪．世博会奖牌收藏与鉴赏[M]．上海：上海社会科学院出版社，2009．

多世博会奖牌都采用了新艺术主义风格的设计，如1889年巴黎世博会和1900年巴黎世博会的奖牌就是典型的代表。这些奖牌在设计上充满了艺术气息，不仅展现了当时的艺术风格，也体现了世博会对于科技、文化和艺术的推崇。

新艺术主义时期的设计风格独特且富有创新性，它代表了19世纪末到20世纪初欧洲艺术和设计领域的一次重要变革。1895年，新艺术主义在法国诞生，随后迅速传播到荷兰、比利时、意大利、西班牙、德国、奥地利、斯堪的纳维亚国家和美国等地，形成一个国际性的设计运动。其发展趋势从最初的装饰性追求逐渐转向对形式与功能的结合，以及对材料和色彩的创新运用。这一时期的艺术创作以追求自然和曲线美为核心元素，反对古典主义和维多利亚时代的直线风格。

新艺术主义强调自然元素在作品中的运用，从自然界中汲取灵感，如花卉、植物、昆虫等。这种自然主义的特点体现在作品的线条、形态和色彩上，使得作品充满了生机和活力。同时非常注重装饰性，设计师们通过运用华丽的镶嵌、色彩斑斓的图案和精致的细节来强调艺术品的装饰性和精致度。这种装饰性不仅体现在平面设计、书籍插画和家具等领域，也体现在建筑和雕塑等更广泛的艺术领域中。新艺术主义的设计强调了流畅、曲线优美的线条。这种线条使作品具有柔软、优美、有机、动感等特点，与传统的直线风格形成了鲜明的对比。

2. 新艺术主义风格奖牌的特点

自19世纪中叶以来，随着技术的快速进步，奖牌的雕刻和设计领域也在不断发展演变。尤其是缩铸机的普遍使用，明显地改变了奖牌制作的工艺流程，导致传统上依赖模具铸造和手工雕刻的方法逐步降低了其重要性。这一变革为奖牌设计艺术家带来了空前的创作自由，因此极大地推进了奖牌艺术向更高水平的发展。在这种情况下，许多设计师开始大胆尝试新的奖牌设计观念和方式。

作为欧洲的艺术中心，巴黎自1880年起引领了一场名为“新艺术运动”的设计风潮。这一运动随后迅速传播至维也纳、布鲁塞尔、伦敦等其他欧洲城市，并跨越大西洋，影响了美国的设计界。新艺术运动的设计理念主要以充满活力的波浪形和流线为基本特征，广泛采用了有机形状和曲线元素，尤其是从花卉、植物等自然元素中获取灵感，使得设计作品展示出前所未见的生命力和动态美。

“在巴黎举办的1878年、1889年世博会的奖牌，其设计都是典型的新艺术运动风格，而这种风格发展的最高峰是1900年在巴黎举行的世博会，法国雕刻大师查普兰设计的这届世博会奖牌得到了广泛的认可。”[1]弗兰克·鲍彻（Frank Bowcher，1864—1938年）设计的英国1908年世博会奖牌也追随了新艺术运动的风格。而开创了美国文艺复兴雕刻艺术风格的代表人物奥古斯都·圣·高登（Augustus Saint Gaudens，1848—1907年）设计的1893年芝加哥世博会奖牌的正面，也充分体现了新艺术风格在美国的影响。此后，新艺术风格在更多的普通产品中迅速普及，导致新艺术运动在1908年以后就开始被忽视，并随着第一次世界大战的爆发而逐渐衰落。

新艺术主义时期的奖牌设计风格以自然主义、曲线美、装饰性为主要特点。设计师们从自然界中汲取灵感，运用流畅的曲线和华丽的装饰元素，创造出充满生机和活力的作品。例如，1900年巴黎世博会的奖牌就是一个典型的例子（图6-9）。这个奖牌直径为64毫米，厚度是3.25毫米，质量为98克，是用铜镀金材料制成的。金牌的设计以精湛的手工技艺呈现出一幅画面：一位象征法国的国家形象人物——玛丽安，站在一片茂盛的橡树林中，凝望远方。其周围

图6-9　1900年巴黎世博会奖牌

[1] 仝冰雪．世博会奖牌收藏与鉴赏[M]．上海：上海社会科学院出版社，2009．

的环境为巴黎著名的塞纳河风光，两旁则是“法兰西共和国”字样。奖牌的背面则描绘了身长双翼的胜利天使手持桂冠和棕榈枝，载着一名手持火炬的获胜者在飞翔。整个设计充满了曲线美和装饰性，同时也寓意着荣誉和胜利。

（三）装饰艺术风格

1. 装饰艺术风格的特点

装饰艺术风格是20世纪初在欧洲和美国广泛流行的一种艺术风格，特别是在建筑、室内设计、工业产品设计等领域。它以几何形状和线条为基础，注重色彩鲜艳、对比强烈，同时融合了多种文化元素，如古埃及、古希腊、古罗马等，形成了独特而丰富的艺术表现形式。装饰艺术风格的特点在于其独特的艺术表现形式和广泛的影响力。它强调现代感、功能性和时尚性，将现代主义严格的形式感和对豪华、时髦的向往相结合。这种风格的设计语言包括金字塔状的台阶式构图、放射状线条等，通过简洁而富有表现力的形式来传达设计的意图和美感。

装饰艺术风格的艺术创作核心元素包括几何形状、线条、色彩和材质等。设计师通过运用这些元素，创造出具有独特美感和艺术价值的作品。在风格上，装饰艺术风格注重形式感和时尚感，追求简洁、明快、富有现代感的艺术表现。

装饰艺术风格的构图通常采用对称、均衡和重复等手法，以形成强烈的视觉冲击力和节奏感。色彩上，它注重鲜艳、对比强烈的色彩搭配，以突出作品的现代感和时尚感。材质上，装饰艺术风格广泛运用各种新材料和新技术，如玻璃、金属、塑料等新材料，以及电镀、喷漆等工艺，使得作品呈现出独特的质感和光泽。

2. 装饰艺术风格奖牌设计的特点

“装饰艺术”这一术语，其起源可追溯到1925年在法国巴黎盛大举办的“现代工业装饰艺术国际博览会”。该词汇特指在第一次世界大战和第二次世界大战之间的时期，特别是在20世纪20年代至30年代期间广泛流行的一种艺术风格。而在世博会奖牌的图案设计中，这种风格尤为显著地体现在了1937年巴黎世博会的奖牌之上。这些奖牌以其独特的艺术风格，成为这一历史时期艺术与文化的重要象征。“在雕刻和设计上，装饰艺术主要是结合了因工业文化所兴起的机械美学，以较机械式的、几何的、纯粹装饰的线条来表现。它把豪华的、奢侈的手工艺制作和代表未来的工业化特征合二为一，产生出一种可以发展的新风格。同时，随着欧美资本主义向外扩张，远东、中东地区及古希腊、古罗马、古埃及与玛雅等古老文化的物品或图腾，也都成了装饰艺术的素材来源。”[1]

1937年巴黎世博会的奖牌设计充分体现了装饰艺术风格的精髓。这枚奖牌在设计中融入了几何形状、线条和丰富的色彩，展现了独特而鲜明的艺术特点（图6-10）。奖牌的形状和线条设计非常精致，采用了对称和均衡的布局，通过精确的线条和曲线勾勒出奖牌的轮廓，使其看起来既现代又优雅。这种设计手法不仅增强了奖牌的整体美感，也体现了装饰艺术风格对形式和结构的重视。奖牌的色彩运用非常出色。奖牌经过了精细的打磨、雕刻和电镀等工艺处理，使其表面呈现出细腻的光泽和纹理，进一步提升了其艺术价值。

图6-10　1937年巴黎世博会奖牌

[1] 仝冰雪．世博会奖牌收藏与鉴赏[M]．上海：上海社会科学院出版社，2009．

第七章 | 世博会视觉形象设计的价值与意义

一、世博会视觉形象设计的人文关怀

人文关怀是一种深植于“以人为本”理念中的关怀方式。在现代展览会的背景下，它不仅要求设计师准确传递展品的功能信息，更要求他们深入考虑观众的心理需求，从而建立起人与展品之间和谐、顺畅的交互关系。这种关怀方式体现了对人的主体地位和个性差异的尊重，以及对人的物质和精神需求的全面关注。通过这样的设计，我们追求的不只是展品的展示效果，更是人的全面、自由、和谐的发展。在展览会的每一个环节，我们都应该秉持人文关怀的精神，让每一位观众都能感受到被尊重、被关怀，从而实现人与展品的和谐共生。

“要为大众服务，从设计上来说就必须简明、朴素、方便印刷。承认功能主义的、没有装饰的设计是具有民主主义特征的新时代设计的中心。”[1]世博会形象设计是民主主义的探索。所有的设计要以能传

---

[1] 王受之．世界平面设计史[M]．北京：中国青年出版社，2002：116．

递出展示活动的文化归属与时代气息为准绳。在世博会展馆的规划中，“人”被置于核心地位，不仅作为参观者来体验展示内容，更成为信息传播中不可或缺的主体。因此，从传播学的角度来看，“人”自然成为世博会展馆设计研究的关键对象之一。秉持“以人为中心”的设计理念，视觉展示信息实际上反映了人类对于人文精神和心理情感的共同追求。从设计的视角出发，世博会展馆的设计应当聚焦于那些在日常生活中易被忽视却蕴含深厚人文关怀的细节。这样的设计策略旨在营造一个充满人文关怀与情感共鸣的展示环境，使参展者能够深度沉浸其中，感受其中所蕴含的情感与意义。世博会展馆中新媒体技术的应用将更为深入地服务于“人文”与“情感”的诉求。在创新展示形式的同时，设计需要始终围绕“人”这一主体展开，确保人文与情感得到合理的体现。通过结合国家文化与时代背景，设计将促进“主体”与“客体”在展示过程中的情感交流与共鸣，实现情感的共生与共享。

世博会作为国际性的大型活动，其视觉形象设计承载着传递信息、展示文化、促进交流等多重使命。在这个过程中，人文关怀作为设计的核心理念之一，贯穿于设计的始终。世博会视觉形象设计的人文关怀特点体现在关注人的需求与体验、强调文化的传承与创新、体现对弱势群体的关怀、强调互动与参与以及注重可持续发展等方面。这些特点不仅使世博会视觉形象设计更加符合人们的期望和需求，也传递了社会的温暖与关怀。

世博会设计深入了解目标观众的文化背景、审美习惯、心理需求等，创造出符合人们期望的视觉形象。这种设计不仅满足了人们的物质需求，更关注人们的精神需求，使人们在欣赏美的同时感受到温暖与关怀。世博会视觉形象设计强调文化的传承与创新。在整体的形象设计中融入当地的文化元素，展现主办国的文化特色。通过新的设计理念和手法，使传统文化焕发新的活力。这种设计不仅弘扬了传统文化，也推动了文化的创新与发展。世博会视觉形象设计强调互动与参与。设计师通过互动设计和多媒体技术等手段，使观众能够参与到设计中来，增强观众的参与感和体验感。这种设计不仅提高了观众的参与热情，也促进了观众与展览之间的互动与交流。

世博会视觉形象设计也体现了对弱势群体的关怀。在设计细节中充分考虑残疾人、老年人、儿童等特殊群体的需求，为他们提供便利和舒适的环境。例如，为残疾人设置无障碍通道、为老年人提供休息区域、为儿童设置游戏区等。这种设计不仅体现了设计师的责任感，也传递了社会的温暖与关怀。世博会视觉形象设计注重可持续发展。设计师在设计中充分考虑环保、节能等因素，采用可再生材料和低碳技术，减少对环境的影响，也推动了社会的可持续发展。

（一）主题性与时代性

世博会自诞生以来，其主题的视觉设计如同印证时代特征的记录器，在不同时代间国际社会关注热点的改变中变化发展。世博会自出现后，科学技术一直是其传播的主要内容。随着人类科技日新月异的发展，每一届世博会都在展现当下科技前沿的最新产品，反映出人们对科技进步的追求永无止境。1851年伦敦世博会展现的是工业革命后现代工业的蓬勃发展与工业革命带来的无限创造力，弘扬了人类迈向工业化的主旋律；1933年芝加哥世博会则在福特汽车崛起的背景下，以工业化带来的低成本宣告了汽车并不是少数人拥有的特权奢侈品，推广了“汽车进入千家万户”的主题；1986年温哥华世博会则是在技术革命的背景下，交通与通信技术的发展使世界上人与人间的距离迅速拉近，使全球化、地球村的概念成为现实，“世界在运动，世界在接触”的主题正是响应时代号召；2010年上海世博会，人们将目光看向了自身，“城市，让生活更美好”不仅是人类发展过程、城市化过程中如何科学规划的时代命题，更是直视自身问题，将目光回归到自身的人本主义的体现。在不同的时代里，随着时代主题的不断变迁，赋予了世博会主题内容的不断更新。

二战后，1958年在比利时首都布鲁塞尔举办的世博会上，提出了“科学、文明和人性”这样的主题。其时代背景在于二战刚刚结束，在迎来的和平时期，各国重建了被残酷战争摧毁的社会体系。通过举办该届世博会，人们希望在和平的环境中，重新恢复科学探索进程，走上通往更加美好的生活的道路。同时，对于战争时期人类在军工科技方面的发展，人性的主题宣示了人们对于工业及科技和平利用的期望。该届世博会的标志性建筑为原子塔，由安德·沃特凯恩设计。这座建筑构成元素为9个铝制圆球，每个圆球直径为18米。该标志既展示了新的科技发展成果，同时也象征了二战后比利时国内的团结和西欧诸国联合的国际形势。在该时代背景下，布鲁塞尔世博会充分展示了时代渴望发展的主题意义，与时代背景非常符合。

1962年西雅图世博会用先进的科技来激发人们对太空的向往，其主题为“太空时代”。该届世博会标志图形是一个被称为太空之针的象征物，以太空、地球、21世纪为主体构建出征服太空的梦想。其时代背景在于20世纪60年代第二次世界大战结束后，世界形成了两极格局，当时苏联和美国两个超级大国争相进行军备竞赛，其空间已经从传统军事的海陆空延伸到了外太空空间资源的争夺，而在这个基础上，太空探索的技术产生了突飞猛进式的发展，苏联完成了人类史上首次载人航天飞行后，美国不甘人后，在1962年开始航天飞船的实验。与此同时，1962年西雅图世博会的主题“太空时代”便应运而生。该主题在一定程度上体现了美国在争霸时期积极参与太空竞争的决心，与同时期的时代背景紧密结合。

1986年温哥华世博会则是在第三次世界科技革命后，社会在政治、经济、文化领域发生了深刻的变革，科技的发展极大地影响了人类的生活方式。第三次科技革命后，交通与通信方面取得了长足的进步，使地球上人与人之间的距离被无限拉近，从而产生了地球村的概念。而1986年世博会聚焦于交通与通信这个领域，其主题是“交通与运输”。工业革命后，机械大生产登上历史舞台，而技术革命后，人们将视线转移到了交通运输和通信技术上。该届世博会选择展示世界领域内交通通信发展的成就以及其带来人类生活方式的转变，同样符合第三次科技革命后的时代背景。

（二）人性化和包容性

设计理论家维克多・帕帕奈克（Victor Papanek）在《为真实世界而设计》一书中就曾提出设计不仅应该为健康人服务，同时还必须应该为残疾人服务的设计思想。[1]这一理念强调设计应充分考虑不同群体的需求特别是弱势群体的特殊需求。在世博会视觉形象设计过程中，这个原则应该被持续地应用，设计师需要全面考虑到观众的需求，这包含了他们的物质要求、精神诉求、身体和心理状态。此外，他们还需要观察到周围的服务设施如交通、环境、财务和饮食等方面是否便利于观众，并且要评估展览区域的空间规划、路线安排、资讯指引、颜色选择、照明装置、声音与视频设备的设计是否合理。

随着社会的进步和文明的发展，人性化与包容性已成为现代设计的核心理念之一。在世博会这一国际性的大型活动中，视觉形象设计作为传递信息、展示文化的重要载体，更应体现这一理念。世博会作为世界范围内的大型综合性展览活动，不仅是各国展示自身科技、文化、经济等实力的重要平台，更是全球文化交流与碰撞的盛会。世博会视觉形象设计尊重并体现文化多元性，通过融入不同国家和地区的文化元素，展现世界文化的丰富多彩。这种设计不仅有助于促进不同文化之间的交流与融合，也体现了世博会作为国际盛会的包容性精神。在世博会的视觉形象设计中，文化归属、时代气息与人文关怀的融入至关重要，它们共同构成了世博会视觉形象设计的核心要素，也体现了世博会视觉形象设计的人性化和包容性。文化归属是指一个民

---

[1] 唐济川，刘媛媛，郑艳，等．现代艺术设计思潮[M]．北京：中国轻工业出版社，2007：142．

族或国家在长期历史发展过程中形成的文化特色和文化认同感。在世博会的视觉形象设计中标志设计往往融入了举办国或地区的文化元素，如中国2010年上海世博会的标志“世”字，就巧妙地融合了中国的书法艺术和世博会的主题。另外，色彩是视觉形象设计中不可或缺的元素，不同的色彩能够传达出不同的文化信息和情感氛围。例如，中国的红、黄、金等色彩就常被用于表现中国传统文化和节日氛围。在世博会的展馆设计、宣传海报等视觉形象中，图形设计也是体现文化归属的重要手段。通过运用具有民族特色的图形和纹样，可以营造出独特的文化氛围和视觉美感。

世博会视觉形象设计的人性化和包容性特点为观众提供了更为舒适、便捷和多元的参观体验，同时也传递了社会的温暖与关怀。在世博会视觉形象设计中，人性化实践体现在多个方面。例如，为残疾人提供无障碍设计，确保他们能够方便地参观展览；为老年人提供舒适的休息区域和清晰的指示标识，帮助他们更好地了解展览内容；为儿童设置游戏娱乐室，让他们在参观过程中也能享受到乐趣。设计师还应关注观众的生理需求和心理需求。通过科学的空间布局和舒适的视觉元素，营造出一个既具有视觉冲击力又充满人文关怀的展示环境。同时，通过互动设计和多媒体技术等手段，增强观众的参与体验感。

（三）环保与可持续性

随着文化、科技和经济的飞速发展，人类开始越来越关心环境问题。1974年的斯波坎世博会是首个以环境为主题的世博会，标志着人类对于环境保护的新觉醒。在20世纪50—60年代，城市化进程带来的环境负面影响日益凸显，斯波坎世博会提出的“无污染的进步”口号，表达了人类对于环境保护的深刻认识。该届世博会的会标由蓝、绿、白三色循环纽带组成，象征着纯净的空气、无污染的蓝天和充满生机的自然环境，直观地突出了环保的主题。

1974年斯波坎世博会上，人们还设立了第一个世界环境日，促使人们反思环境危机，并寻找解决之道。这一届世博会的环保主题对人类发展起到了深远的指引作用，使环保成为一种持续坚持的理念。1975年日本冲绳举办的世博会以“海洋，未来的希望”为主题，将人们的目光转向了海洋这一神秘宝藏。当时正值第一次石油危机后全球经济衰落之际，这届世博会展示了海洋资源开发的技术与成果，鼓励人类探索海洋新能源的开发，也提醒人们在开发利用海洋的同时要善待和保护海洋资源。1998年葡萄牙里斯本世博会同样以“海洋——未来的财富”为主题，标志着旭日从海平面升起，象征着海洋资源开发孕育的新希望。这两届世博会都强调了海洋资源的重要性，并呼吁人类合理利用和保护海洋资源。

2010年上海世博会则以“城市，让生活更美好”为主题，反映了在和平环境下，随着世界人口增长和城市化的加速，城市化对人类生活方式的深远影响。这届世博会鼓励人们对城市化进程中的问题进行反思，思考城市的科学规划、资源的合理利用以及如何解决城市化带来的负面问题。通过上海世博会，全球各国分享了对城市化的先进探索经验，对于指导人类未来的发展方向具有重要意义。

（四）多元化和互动性

1. 数字化与智能化

在当代展览会视觉设计的领域里，一场由数字化与智能化浪潮驱动的深刻变革正在发生。设计师们以先进的虚拟技术为工具，将传统平面展示的边界打破，构筑起三维空间的沉浸式体验。在这样的空间里，观众得以通过视觉、听觉、触觉乃至嗅觉等的全方位感官刺激，深入感受展品的独特魅力。这种展示方式不仅极大地增强了展品与观众之间的互动，激发了观众的好奇心与探索欲，更促使观众通过实践操作，主动获取并深入理解展品的功能与展示意义。

世博会视觉形象设计的数字化技术广泛应用，为现代展览会带来了前所未有的可能性。在线注册系统、大数据分析等工具的引入，不仅极大提升了参展商和观众的参与便捷性，更为主办方提供了精准把握观众需求与行为模式的途径，从而实现对展示内容与互动方式的持续优化。而智能化展示手段，如虚拟现实和增强现实的应用，更是为观众带来了一个全新的、前所未有的沉浸式体验世界。在这里，观众可以直观地了解展品的每一个细节，感受其独特的特性，从而更深入地理解展品的内涵与价值。由数字化与智能化引领的变革，不仅是对传统视觉设计的一次颠覆，更是对展览会未来发展的一次深刻思考。它要求我们以更开放的视野、更前瞻的思维，去探索新的设计模式、新的互动方式，以更好地满足观众的需求，推动展览会的持续发展。

2. 互动性

互动性在当代世博会视觉形象设计中扮演着举足轻重的角色，它不仅是一个简单的概念，更是实现深度交流与体验的核心机制。这种互动性不仅不局限于展品与观众之间的直接交互，更贯穿于整个展示空间的巧妙设计与布局之中。现代世博会作为开放且包容的公共交流平台，其本质目标在于促进信息的双向流通与反馈。在这种互动过程中，观众不再是被动的信息接收者，而是成为积极的参与者和探索者。他们通过参与各种互动环节，不仅能够主动获取信息，深入了解展品的独特魅力与内在价值，更能在参与的过程中感受到乐趣与满足，形成与展品之间的深刻情感联系。

在世博会视觉形象设计中，互动性不仅是一个理念或口号，更是需要精心策划与切实执行的重要环节。设计师们通过巧妙的构思与布局，将互动元素融入展示空间的每一个角落，使观众在参观过程中能够不断地与展品、与其他观众甚至与主办方进行深入的交流与互动。这种互动过程不仅有助于观众更深入地了解主办方的文化思想与价值观，更能够形成对展品的深刻印象与独特体验。互动性在世博会视觉形象设计中具有极其重要的地位。它不仅能够提升观众的参与感与体验感，更能够加强观众与主办方之间的情感联系与文化共鸣，推动信息的有效传播与文化的深度交流。

二、世博会视觉形象设计对设计领域的贡献

世博会视觉形象设计对设计领域的贡献是多方面的，其深远影响不仅体现在设计技术和手法的创新上，更在于对设计理念的推动和拓展。世博会作为人类历史上重要的国际盛会，不仅展示了各国的科技、文化和艺术成果，还推动了艺术和设计领域的新变革。从第一届世博会开始，设计就一直是世博会不可或缺的一部分。随着时间的推移，世博会在艺术和设计领域的影响力逐渐增强，成为引领新变革的重要力量。

（一）设计技术与理念的创新

世博会在不同历史时期都提出了独特的设计理念，这些理念不仅推动了设计领域的发展，还影响了社会的审美观念。例如，现代主义设计在世博会上的广泛应用，不仅改变了设计的风格，还影响了人们的生活方式。

1. 对新技术不断进取与开拓

世博会视觉形象设计强调环保与绿色，这不仅体现在施工用料和技术层面，更重要的是绿色环保理念的渗入与表现。这种设计理念推动了设计领域对环保材料的研发和应用，促进了绿色设计技术的创新和进步。世博会视觉形象设计广泛运用高科技手段，如声、光、电特效等，将传统与现代完美结合，创造出令人震撼的视觉效果。这不仅丰富了设计表现手法，也推动了设计领域对新技术的研究和应用。随着科技的进步，世博会在设计技术上也进行了不断的革新。从最初的简单展示到如今的数字化、智能化展示，世博会在设计技术上的每一次进步都极大地推动了设计领域的发展。

2. 不断丰富和发展新的理念

一方面，体现了多元化与包容性。世博会作为国际性的盛会，其视觉形象设计需要体现不同文化和国家的特色。世博会作为国际性的

盛会，为各国设计师提供了交流的平台。通过世博会，各国设计师可以互相学习、借鉴，促进设计文化的交流与发展。这种设计理念推动了设计领域对多元化和包容性的思考，促进了跨文化设计的发展和繁荣。

另一方面，强化了创新意识。世博会视觉形象设计强调创新，从外观造型到内部装修，从设计表现手法到新技术应用，都体现了对创新的追求。这种创新意识不仅激发了设计师的创造力和想象力，也推动了设计领域对创新理念的深入理解和实践。一是对设计功能的思考，世博会在设计实践中强调设计的实用性和功能性，引发了设计师对设计功能的深入思考。设计师开始关注设计如何更好地服务于人类生活，如何更好地满足人们的需求。二是对设计美学的追求，世博会在设计美学上也进行了不断的探索和创新。设计师在追求设计功能性的同时，也注重设计的美感和艺术性。这种对设计美学的追求不仅提升了设计的品质，也丰富了人们的审美体验。三是对设计伦理的关注，随着设计领域的不断发展，设计伦理问题逐渐凸显。世博会在设计实践中强调设计的可持续性和环保性，引发了设计师对设计伦理的深入思考。设计师开始关注设计如何更好地保护环境、促进可持续发展。

世博会设计理念也深入到其他展览形式中，例如，诸暨枫桥经验陈列馆通过珍贵的历史图片、文献资料和生动的场景，运用了微电影、全息影像、人物采访、电子互动等多种现代科技手段，增强了参观者的互动性和体验感，再现新时代“枫桥经验”推动中国式现代化进程的场景（图 7-1）。

（二）对设计行业的推动作用

世博会推动了设计行业和艺术教育的创新发展。提升了设计行业的国际影响力。世博会视觉形象设计作为国际性的设计展示平台，为设计行业提供了展示自身实力和水平的机会。通过参与世博会视觉形

图 7-1　枫桥经验陈列馆展厅

象设计，设计行业可以与国际接轨，提升自身的国际影响力和竞争力。

1. 推动设计行业发展

世博会视觉形象设计强调创新和多元化，这种设计理念推动了设计行业的创新发展。设计师在参与世博会视觉形象设计的过程中，可以接触到最新的设计理念和技术趋势，激发自身的创新意识和创造力，推动设计行业的创新发展。

发达国家世博会视觉形象设计的发展历程已经经历了由发展到成熟的过程。这些国家的设计师通过不断探索和创新，形成了独特的设计风格和理念。优秀的图形、文字创意设计应用在世博会的平面、多媒体、立体空间中，取得了显著的成绩。从2010年上海世博会开始，中国进入了世博会设计的新篇章。然而，与发达国家相比，中国在设计领域还存在一定的差距。这是由于中国之前缺乏独立举办世博会的经验以及对世博会视觉形象设计的研究不足。此外，世博会在设计实践中还会遇到形态的多变性与复杂性、室内平面设计创意展示结构和户外应用等设计的难度与困境。但随着中国设计师多次参与大型国际展览会，中国的视觉设计也在不断地发展。例如，中国杭州亚运会整体视觉形象设计，代表了亚洲的发展中国家设计崛起的特点。由中国著名设计师袁由敏设计的杭州亚运会标志（图7-2），将东方韵味和江南人文结合，既有钱塘江又有赛道和互联网的元素，整体设计符合新时代中国特色。杭州亚运会的特邀艺术家晨晓，巧妙地将中国传统水墨绘画的精髓与西方绘画的丰富色彩相结合，创作出了《新富春山居图》及一系列衍生表达形式的作品，个性鲜明，色彩丰富，充满了表现主义的张力和中国文人画的精神内涵（图7-3）。

图7-2　杭州亚运会标志

2. 推进艺术教育创新发展

世博会视觉形象设计需要融合建筑

图7-3　杭州亚运会博物馆环型幻影版《新富春山居图》

学、艺术设计、环境科学等多学科的知识。这种跨学科的设计模式为设计教育提供了新的思路，推动了设计教育与相关学科的交叉融合和协同发展。世博会视觉形象设计注重实践性和创新性，要求设计师具备解决实际问题的能力。这种实践导向的教育理念为设计教育提供了新的方向，推动了设计教育向实践性和创新性方向发展。

世博会视觉形象设计对设计领域的贡献是多方面的，它不仅推动了设计技术和手法的创新，也促进了设计理念的进步和拓展。同时，世博会视觉形象设计还为设计教育和设计行业提供了新的思路和发展方向，为设计领域的繁荣发展注入了新的动力。世博会在艺术和设计领域的影响与意义不容忽视。它引领了艺术和设计的新变革，引发了设计师对艺术和设计的新思考。未来，随着科技的不断进步和设计的不断发展，世博会将继续在艺术和设计领域发挥重要作用。设计师也将在世博会设计中扮演更加关键的角色，推动设计领域的不断发展和创新。

三、世博会视觉形象设计发展趋势的展望

（一）世博会视觉形象设计的多元化

世博会视觉形象设计的多元化是一个复杂而丰富的现象，它体现在多个层面和维度上，不仅展示了各国文化的多样性，也体现了现代设计理念的多元化和创新性。

1. 文化表达的多元化

世博会作为国际文化交流的璀璨交汇点，其视觉形象设计不仅承载着各国独特文化的展示使命，更是文化多样性深度探索与呈现的重要载体。各国展馆的视觉设计，通过精心策划的色彩运用、图案选择、材料搭配与造型塑造，巧妙地将各自的文化精髓、历史底蕴和时代精神融入其中，进而向世界传递其独特的文化理念与价值观念。这种文化表达的多元化，不仅为世博会带来了丰富多彩的视觉盛宴，更

在深层次上促进了不同文化间的对话、交流与融合。在全球经济一体化的大背景下，文化交流日益频繁，文化间的碰撞与融合成为常态。因此，设计师在进行视觉传达设计时，需审慎地筛选和处理各种文化元素，以确保设计在保持文化个性的同时，也具备包容性和开放性。

设计师应当注重文化交流的深度与广度，深入挖掘各国文化的精髓，理解其背后的历史背景和社会环境，以便更好地将其融入设计中。同时，设计师还应关注本土文化的独特魅力，将其与现代设计理念相结合，创造出既具有地方特色又具有国际视野的设计作品。这样的设计不仅有助于弘扬民族精神，更能传递社会主义核心价值观，推动文化的传承与发展。世博会视觉形象设计的文化表达是一个多元深度探索的过程，需要设计师具备丰富的文化素养、敏锐的审美能力和深厚的设计功底。通过不断探索和创新，设计师能够创造出更多具有文化深度和时代价值的设计作品，为世博会增添更多光彩。

2. 设计理念的多元化

世博会的视觉设计体现了现代设计理念的多元化和创新性。在设计过程中，设计师们不断探索新的设计手法和技术手段，以创造出具有独特性和时代感的视觉作品。这些设计作品不仅具有高度的艺术价值，也体现了设计师们对于现代设计理念的深刻理解和创新应用。这种设计理念的多元化不仅推动了设计领域的发展，也为观众带来了更加丰富多彩的视觉体验。

地球资源不断被开发利用，资源的有限性与人类需求的无限性之间的矛盾日益加剧，在这样的背景下，可持续发展的生态设计理念显得尤为重要。它致力于合理利用地球资源，确保可持续发展，进而缓解人类的心理压力，改善人与自然之间的关系。从视觉设计的核心观念出发，生态设计已成为一种必然趋势。设计视觉形象以保持合理的视觉秩序，防止视觉污染，同时追求设计作品与人类和谐共存。视觉形象不仅是美的展现，更是传达环境保护和自然关怀的媒介。通过设计，巧妙地融入与自然相关的图形、字体、色彩等元素，可以唤醒公众对环境的关注与保护意识。在设计规划过程中充分考虑资源的高效利用、环境的保护和生态平衡。无论是展馆的建筑设计、景观规划，还是能源利用和废弃物处理，都力求实现长期、稳定、可持续的发展目标。例如，宣传材料优先选用无污染、可循环再利用的环保材料，以减少对环境的影响。

3. 设计表现手段的多元化

随着科技的不断发展，世博会的视觉设计也呈现出设计表现手段的多元化趋势。从传统的平面展示到数字互动展示，从静态的展品到动态的影像，从单一的视觉元素到多维度的感官体验，这些设计表现手段的运用使得世博会的视觉设计更加生动、立体和有趣。例如，通过虚拟现实技术，观众可以身临其境地感受展馆内的环境和氛围；通过增强现实技术，观众可以与展品进行互动，获得更加深入的体验。设计师尽可能地利用互联网工具的便利性，使作品更具有表现力，也更具有灵魂与活力。这些设计表现手段的多元化不仅提升了观众的参与感和沉浸感，也推动了设计领域的创新和发展。

（二）世博会视觉形象设计的科技与艺术融合

未来的世博会设计将更加注重科技与艺术的融合。设计师将利用最新的科技手段来呈现艺术作品和展览内容，为观众带来全新的视觉和感官体验。这种融合不仅提升展览的观赏性，还有助于推广科技和艺术领域的创新成果。随着科技的飞速发展，世博会视觉形象设计正经历着前所未有的变革。科技与艺术的融合已成为世博会视觉形象设计的重要趋势，它不仅为观众带来了全新的视觉和感官体验，还推动了科技和艺术领域的创新与发展。

1. 运用数字技术丰富视觉表现

视觉数字化是世博会视觉形象设计的重要发展方向。通过运用先进的数字媒体技术，设计师可以将艺术作品和展览内容以数字化的形式呈现给观众。这种数字化展示方式不仅使得信息传递更加高效、直观，还打破了传统展览的空间限制，为观众带来了更加丰富的参观体验。

在视觉数字化方面，从展馆的外观设计到内部展示，从传统的平面展示到多媒体互动体验，数字化技术都发挥了重要作用。例如，利用虚拟现实和增强现实技术，观众可以身临其境地感受展馆内的环境和氛围，与展品进行互动，获得更加深入的体验。此外，数字化技术还可以用于制作高清影像、动态图形等，使得展示内容更加生动、立体。

在世博会的视觉数字化过程中，文化与科技的融合是一个重要的趋势。设计师们不仅注重技术的运用和创新，还注重将传统文化元素与现代设计理念相结合，创造出具有文化内涵的数字化展示。这种融合不仅丰富了视觉设计的表现力和内涵，还促进了不同文化之间的交流和融合。世博会的视觉数字化是一个重要的发展趋势，它展示了科技与设计的融合、提高了信息的传播效率和覆盖范围、为观众提供了个性化的参观体验、促进了文化的交流和融合。在未来，随着数字化技术的不断发展和创新，世博会的视觉数字化将会呈现出更加丰富多彩的面貌。

2. 科技元素在视觉形象设计中的融入

未来世博会视觉形象设计将更加注重科技元素在视觉形象设计中的融入。设计师将运用新材料、新技术等手段，将科技元素巧妙地融入艺术作品中，创造出独特的视觉效果。这种融合不仅提升了艺术作品的科技含量，还使得艺术作品更具时代感和未来感。人工智能技术将更深入地融入世博会视觉形象设计中，通过分析大量观众数据，提供个性化的参观推荐和互动体验。

数字化技术为世博会视觉设计带来了创新的可能性。利用数字化工具和技术进行创作和实验，探索新的设计手法和表达方式。例如，通过数据可视化技术，设计师可以将大量的数据和信息转化为直观的图形和图像，使观众能够更加清晰地了解展示内容。此外，数字化技术还可以用于创造独特的视觉效果和氛围，使观众获得更加震撼和难忘的参观体验。通过智能触摸屏、语音识别、面部识别等交互技术，观众可以更加自然、便捷地与展览内容互动，享受定制化的参观体验。可以利用3D打印技术制作具有复杂结构和形态的展品，或者利用LED灯光技术为展品营造出独特的氛围和光影效果。这些科技元素的融入不仅丰富了艺术作品的表现形式，还为观众带来了更加震撼的视觉效果。

3. 注重观众的参与和互动体验

科技与艺术的融合还体现在互动性和参与性的提升上。未来的世博会视觉形象设计将更加注重观众的参与和互动体验。设计师将利用智能设备、传感器等技术手段，实现与观众的实时互动和反馈。观众可以通过多种方式与视觉设计进行互动和体验。例如，观众可以通过触摸屏、语音识别等方式与展品进行互动，从而更加深入地了解展览内容，还可以通过社交媒体等网络平台，让观众参与到展览的设计和策划中来。观众可以上传自己的作品，分享参观心得和体验，与设计师和其他观众进行交流和互动。这种互动性和参与性的提升不仅增强了观众的参与感和归属感，也提高了观众的参与度和满意度，还促进了展览内容的传播和推广。

世博会视觉形象设计的科技与艺术融合趋势将带来更加丰富的视觉和感官体验，推动科技和艺术领域的创新与发展。设计师需要不断学习和探索新的科技手段和设计理念，将科技与艺术完美融合，为观众带来更加震撼、独特的参观体验。同时，观众也需要积极参与到展览中来，与设计师和其他观众进行交流和互动，共同推动世博会视觉形象设计的创新与发展。

参考文献

《上海世博》杂志编辑部，2010．世博与视觉产业[M]．上海：东方出版中心．

包雷晶，2011．形象关注与视觉传播[D]．上海：上海师范大学．

毕学锋，2020．图形设计研究[M]．杭州：中国美术学院出版社．

曹迪赫，2019．1855年巴黎世博会探析[D]．杭州：浙江大学．

曹方，2006．视觉传达设计原理[M]．南京：江苏美术出版社．

曹廷蕾，贺雪梅，2018．潘小虎——潘家园吉祥物设计[J]．包装工程，39（16）：287．

车尔尼雪夫斯基，1957．生活与美学[M]．北京：人民文学出版社．

陈楠，2019．建构具有生命力的视觉识别符号——实现IP活化的吉祥物设计[J]．美术观察（12）：19．

陈淑君，2010．百年招贴见证世博风云[J]．公共艺术（2）．

陈晔，2022．1904年圣路易斯世博会与美国的帝国文化[D]．上海：上海师范大学．

陈正达，2021．视觉治愈[M]．杭州：中国美术学院出版社．

单宁，2013．世界博览会的展馆与展示设计研究[D]．重庆：西南大学．

狄德罗，2008．狄德罗美学论文选[M]．周扬，译．北京：人民文学出版社．

丁怡，2010．上海世博会建筑空间设计特色研究[D]．保定：河北大学．

郭姝，2011．2010上海世博会的中国国家形象传播研究[D]．沈阳：辽宁大学．

郭昕，2011．上海世博会中我国国家形象的对外传播研究[D]．杭州：浙江大学．

杭间，2009．论国家视觉设计[J]．装饰（9）：15-16．

何欢，2015．基于后事件视角上海世博会形象影响认知研究[J]．安徽农业大学学报(9)：134-140.

赫伯特·A.西蒙，1988. 关于人为事物的科学[M]. 杨砾，译. 北京：解放军出版社.

胡术，2022. 从世博会标志看“国家形象”在标志设计中的表达[J]. 包装工程，43（6）：365-373.

胡以萍，2012. 论世博会展示设计的多维表达[D]. 武汉：武汉理工大学.

吉田光邦，1999. 图说万国博览会史1851—1942[M]. 株式会社思文阁出版. 日本京都.

井溶，庞博，2020. 基于城市形象传播的吉祥物创新设计研究[J]. 包装工程(18)：345.

冷东红，2010. 上海世博会符号传播系统及其效果研究[D]. 上海：华东师范大学.

李德庚，2004. 欧洲设计现在时[M]. 北京：中国青年出版社.

李华强，2008. 上海世博会标志与吉祥物视觉形象分析[J]. 新闻大学(4)：126-130.

李洁，2020. 2022年杭州亚残运会吉祥物设计概述[J]. 中国美术学院学报(11)：46.

李近明，2010. 永恒的记忆——从邮票、明信片和纪念章看精彩世博历史[M]. 上海：上海教育出版社.

李茜君，2017. 浅议吉祥物对城市旅游的影响及推动[J]. 大众文艺(23)：240-241.

李强，2010. 汉字在现代标志设计中的应用研究[D]. 西安：西北大学.

李勇，2011. 数字化时代标志设计的动态化趋势[J]. 艺术研究(1)：158-159.

李长春，刘艳，2012. 基于标志设计的心理语义解读[J]. 包装世界(1)：88-89.

林扬，2014. 世博会会徽图形设计研究[D]. 长春：东北师范大学.

刘崇伟，吴栎楠，2017. 由吉祥物“鹿鹿”的设计浅谈卡通吉祥物在大型活动中的应用[J]. 艺术与设计：产品设计(6)：45-47.

刘芳，2011. 从上海世博会谈展示设计的几点启示及思考[D]. 济南：山东师范大学.

刘深楠，2013. 标志设计视觉新形式研究[J]. 美术大观(12)：245.

刘义鹏，2019. 中国当代设计的思辨之路——以历届世博会中国馆设计为例[J]. 城市建筑16(3)：82-83.

刘音，2018．新媒体技术在数字展馆设计中的应用研究[D]．北京：北京邮电大学．
刘银丹，2020．设计符号在世博会展示设计中的应用[J]．戏剧之家（6）：95-96．
刘有泉，2011．表象符号在标志设计中应用的思考[J]．艺术百家（3）：237-240．
陆金生，2009．创新——上海世博会设计的灵魂[J]．上海工艺美术（1）：12-15．
罗琛，2021．信息时代下吉祥物设计的发展趋势研究[J]．包装工程（20）：261．
孟国良，2010．解读上海世博会海报宣传[J]．中国广告（6）：67-69．
孟建，2005．图像时代．视觉文化传播的理论诠释[M]．上海：复旦大学出版社．
孟威，2011．数字媒体艺术在展示设计中的应用研究[D]．哈尔滨：哈尔滨师范大学．
苗红磊，2012．多维度的视觉智慧——动态化标志[J]．设计艺术研究（4）：24-27．
庞鲜，2011．上海世博会展馆设计中的材料表现研究[D]．长沙：中南林业科技大学．
齐伟伟，2011．上海世博会生态设计研究[D]．济南：山东大学．
秦迎军，2011．2010年上海世博会南非国家形象传播研究[D]．上海：上海外国语大学．
沙莎，2012．2010年上海世博会展馆纪念戳章设计研究[D]．苏州：苏州大学．
舒位枝，2011．公共空间导向系统的信息设计研究[D]．武汉：湖北工业大学．
司俊男，2012．上海世博会的品牌作用与城市形象研究[D]．苏州：苏州大学．
宋奕勤，2011．消费社会背景下上海世博会国家馆之设计符号解析[J]．设计艺术研究，1（2）：71-75．
宋玉远，2015．世博会山东馆数字媒体的设计[D]．济南：山东大学．
孙艺嘉，2016．中国民族文化元素在现代标志设计中的运用[J]．文化研究（4）：134-136．
谭斯瑞，2017．中国传统吉祥物交互应用设计研究[D]．北京：清华大学．
谭维，1999．浅谈吉祥物的造型设计[J]．艺术百家（4）：118．
汤晓颖，2008．现代吉祥物设计的特性研究[J]．包装工程（29）：193．
唐济川，等，2007．现代艺术设计思潮[M]．北京：中国轻工业出版社．
仝冰雪．2009．世博会奖牌收藏与鉴赏[M]．上海：上海社会科学院出版社．
王景奎，2007．1893年芝加哥世博会的历史考察[D]．上海：华东师范大学．
王兰珍，高聪蕊，2018．标志设计[M]．南京：江苏凤凰美术出版社．
王萌，2012．上海世博会部分国家馆标志设计的解读[D]．南京：南京艺术学院．

王梦珏，2012．浅析传播学视角下国家形象的构建与传播[D]．长沙：中南大学．
王琴，2008．世博会与中国国家形象塑造[D]．上海：上海社会科学院．
王受之，2002．世界平面设计史[M]．北京：中国青年出版社．
王受之，2019．关于吉祥物[J]．美术观察（12）：14．
王霜，2012．阿斯塔纳世博会山东活动周视觉形象规划与宣传推广设计[D]．济南：山东工艺美术学院．
王玮珂，2018．现代会展中的视觉艺术运用及其发展策略[D]．太原：山西大学．
王莹，2010．基于2010上海世博会安徽馆设计所引发的设计探索[D]．合肥：合肥工业大学．
魏然，2016．数字媒体交互技术在会展展示中的应用研究[D]．南京：南京艺术学院．
吴国欣，欧操，2012．世博会与展示设计[M]．上海：上海交通大学出版社．
吴国欣，2005．标志设计[M]．上海：上海人民美术出版社．
肖志慧，2016，论世博会海报设计[J]．美术教育研究（10）：2．
徐秋苗，2011．互动多媒体装置艺术在展示设计中的应用[D]．杭州：中国美术学院．
许春丽，2009．世博会会徽图形符号文化特征研究[D]．保定：河北大学．
许紫薇．2019．浅析品牌吉祥物的设计与应用[J]．大众文艺（3）：83．
薛生辉，2003．吉祥物设计的文化内涵与表现特征[J]．装饰（7）：32．
闫硕，2013．世博现象下的展示设计趋势分析[D]．上海：东华大学．
杨凯红，2010．从上海世博会会徽设计看当代标志设计的新发展[J]．装饰（12）：141-142．
杨凯红，2010．上海世界博览会标志设计的理念与创新[J]．鞍山师范学院学报（4）：80-82．
杨玲，2012．论不同理念下世博会标志的艺术特征[D]．兰州：西北师范大学．
于镯，2012．世博会建筑中的创意设计元素对当代服装设计的影响[D]．大连：大连工业大学．
俞烨操，2009．互联网环境下会展视觉形象设计与传播研究[D]．苏州：苏州大学．
张碧霞，2008．数字技术与会展传播的发展[D]．杭州：浙江大学．
张惠燕，2007．标志设计认知心理过程研究[D]．长春：东北师范大学．
张琳，2011．以多模态话语分析为视角解读上海世博会志愿者标志[J]．长春理工大学学报（5）：99.
张敏，2010．后技术时代的展示艺术——基于世博会展示空间的理论探讨[J]．艺术百家（5）：83-97.
张莎，2011．2010上海世博会中国馆中国元素的传播研究[D]．保定：河北大学.
张伟萍，2009．解读世博会会徽[J]．对外传播（8）：47.
张文，2020．杭州亚运吉祥物设计对城市形象的认知与表述[J]．中国美术学院学报（11）：26-33.
张宪荣，2004．设计符号学[M]．北京：化学工业出版社.
张怡，2011．通感在标志设计中的运用[J]．衡水学院学报（8）：116-118.
张颐武，2019．“吉祥物”的文化意涵和美学追求[J]．美术观察（12）：14.
章国利，1999．现代设计美学[M]．郑州：河南美术出版社.
章伶钰．2021．世博会述行性展示设计的变化和发展[D]．南京：南京艺术学院.
赵蕊，2012．新媒体艺术在大型博览会中的应用[D]．西安：西北大学.
赵文，2010．上海世博会上看标志——标志设计中的“共鸣”设计思考[J]．美术教育研究（3）：85-86.
周进，张勇，2008．世博会的商业设计[J]．商场现代化（1）：527.
周进，2005．历届世博会会徽设计分析[J]．南京艺术学院学报（美术与设计版）（2）：111-112，164.
周进，2008．世博会视觉传播设计[M]．上海：东华大学出版社.
周秀琴，李近明，2007．文明的辉煌：走进世界博览会历史[M]．上海：学林出版社.
朱冬怡，2012．基于全球化时代的标语语言文体特征研究[D]．西安：西北大学.
朱庆宏，2013．互动装置艺术在展会中的设计应用研究[D]．无锡：江南大学.

后记

2008年笔者有幸作为主创成员，深度参与了2010年上海世博会城市生命馆的视觉设计工作。世博会是全球性的文化盛事，不仅是视觉艺术创新的集中展示，更是一次深刻剖析城市与人类共生共荣哲学基础的学术探索。城市生命馆，以其独到的视角，将“城市生命体”这一仿生学概念精妙地转化为视觉符号体系，不仅生动描绘了城市作为复杂有机体的勃勃生机，更触及了“城市生存”这一宏大议题的哲学内核，引领观众在光影的交织中，深入思考人与自然、城市与未来之间和谐共生的深刻哲理。

此番经历，宛如催化剂一般，激发了笔者对世博会展示核心理念及视觉艺术表达形式的深刻学术兴趣与系统性思考。它不仅极大地拓展了笔者对世博会展示理念理解的边界，还促使笔者在视觉设计的实践中，学会了运用更为细腻、敏锐的学术视角，捕捉并传达那些关乎人类共同命运、具有普遍价值的情感与思想。自2010年起，笔者进行了深入的学术调研与广泛的文献阅读，系统整理并分析了大量关于世博会的珍贵资料，这些研究成果成为推动设计创新、深化设计理论的重要学术资源。

在此后的学术探索中，笔者积极投身于会展展示设计与乡村振兴地域特色设计的实践与研究之中，致力于将世博会所蕴含的设计理念与哲学思考融入具体项目，进行实证分析与理论提炼。通过主持和参与多项研究项目，笔者深入探讨了如何在现代设计语境下，既保留地域文化的独特性与历史深度，又实现文化的创新性转化与发展，促进城乡文化的深度交流与学术对话。同时，在教学过程中，笔者不仅注重提升学生的设计创新能力，更强调培养他们的学术素养，引导他们关注社会议题，运用设计思维解决现实问题，培养其成为具有社会责任感与学术洞察力的复合型人才。

这本专著的顺利完成，要感谢诸位专家学者的鼎力支持。在此，特别鸣谢：中国美术学院教授、国家艺术基金评委、浙江树人大学艺术学院院长赵燕，中国美术学院教授、党委委员、副院长韩绪，浙江农林大学暨阳学院教授、专业负责人汪洋。他们在繁忙工作之余，或欣然作序，或提出宝贵的建议，或接受调研访谈等。此专著是2021年浙江农林大学暨阳学院晨晓色彩研究院课题“晨晓色彩衍生品创新设计研究”（项目编号：CX-Y20211107）的科研成果，得到学院枫桥经验相关研究平台建设经费的资助，在此一并致谢！

2024年3月

图书在版编目（CIP）数据

世博会视觉形象设计 / 王静敏著. -- 北京 : 中国农业出版社, 2024. 7. -- ISBN 978-7-109-32396-4

Ⅰ. G245

中国国家版本馆CIP数据核字第2024CY6409号

中国农业出版社出版

地址：北京市朝阳区麦子店街18号楼

邮编：100125

责任编辑：姚　佳　于　博

版式设计：杨　婧　　责任校对：吴丽婷

印刷：北京通州皇家印刷厂

版次：2024年7月第1版

印次：2024年7月北京第1次印刷

发行：新华书店北京发行所

开本：700mm × 1000mm　1/16

印张：14.5

字数：230千字

定价：88.00元
